ALI MAHLODJI

ENT-DECKE DEIN WOFÜR

**Der Weg zu einem Leben,
das wirklich deins ist**

INHALT

Im Text wurde nicht durchgängig die männliche und weibliche Sprach-form verwendet, sondern vorwiegend das generische Maskulinum. Dies ist einzig und allein der besseren Lesbarkeit geschuldet, keinesfalls als mangelnde Wertschätzung der Leserinnen zu verstehen.

VORWORT

»Wir warten auf jemanden, der uns an die Hand nimmt und uns unseren Weg zeigt. Aber dieser Jemand können nur wir selbst sein.« Mit diesem Hinweis bringt Ali Mahlodji auf den Punkt, worum es in diesem Buch geht: Wie soll sich jemand selbstbestimmt und selbstverantwortlich auf den Weg machen, solange er gar nicht weiß, wohin er eigentlich will, was er mit seinem Leben machen, welchen Sinn er ihm verleihen will?

Niemand kommt bereits mit einer Antwort auf diese Frage zur Welt. Wir sind alle Suchende. Und auf dieser Suche nach einem gelingenden Leben können wir uns eben auch allzu leicht verirren. Sogar eine optimale Ausbildung kann uns davor nicht bewahren. Wie viele Menschen sind hochqualifiziert, haben diverse Abschlüsse erworben, wissen und können alles, was sie für die Ausübung ihrer jeweiligen Berufstätigkeit brauchen. Aber glücklich sind sie nicht. Weil das, was sie tun und womit sie sich tagein, tagaus beschäftigen, sie nicht wirklich erfüllt. Es ist nicht ihr Ding, es liegt ihnen nicht, es interessiert sie nicht, sie fühlen sich nicht innerlich damit verbunden. Sie machen es ohne Hingabe. Ihre aus dem Herzen kommende Unzufriedenheit versuchen sie mit dem Verstand zu unterdrücken. »Es geht ja nicht anders« oder »Das machen ja alle anderen genauso«, lautet ihr stillschweigend, aber fortwährend aufgesagtes Mantra zur Selbstbeschwichtigung.

So kann man sein Leben aushalten, aber lebendig bleiben kann man so nicht. Denn all das, was sie lebendig macht, also ihre eigene Entdeckerfreude und Gestaltungslust, ihre Offenheit und ihre Beziehungsfähigkeit, sogar ihre Sinnlichkeit müssen solche Menschen in sich selbst unterdrücken. Möglich wird das nur, indem sich in ihrem Gehirn hemmende neuronale Netzwerke herausbilden, die sich wie ein undurchdringlicher Mantel, bisweilen sogar wie eine Ritterrüstung über diejenigen Bereiche legen, in denen ihre Lebensfreude generiert wird.

Da sie es selbst waren, die diese Bereiche beim Versuch, möglichst gut zu funktionieren und Anerkennung bei anderen zu finden,»eingewickelt« haben, sind sie auch die Einzigen, die sie wieder»auswickeln« können.

Ganz allein ist das schwierig, besser gelingt es, wenn man dafür einen»Entwicklungshelfer« findet.

Genau solch eine Hilfestellung auf dem Weg in die Freiheit anzubieten ist das Anliegen, das Ali Mahlodji mit diesem Buch verfolgt. Und er kann diese Entwicklungshilfe nicht deshalb so gut leisten, weil er Psychologie studiert hätte oder Hirnforscher geworden wäre, sondern weil er es am eigenen Leib immer wieder erlebt hat. Weil er oft genug die Erfahrung machen musste, wie es sich anfühlt, eingeklemmt, fremdbestimmt und ausgebrannt zu sein. Und weil er es immer wieder geschafft hat, sich aus all diesen Verwicklungen zu befreien, sich wieder auf einen selbstbestimmten und selbstverantworteten Weg zu machen. Weil er die Frage nach dem»Wofür« ernst genommen und für sein Leben zu beantworten versucht hat.

Nicht in der Schule, nicht auf der Universität, sondern auf der Suche danach, wie das Leben geht, hat Ali Mahlodji all das gelernt, was er nun in diesem Buch an all jene weitergibt, die das Gleiche suchen wie er: ein sinnerfülltes und damit auch zutiefst beglückendes Leben.

Dr. Gerald Hüther
Hirnforscher und Leiter der Akademie
für Potentialentfaltung

60 SEKUNDEN STILLE

»Die größten Ereignisse – das sind nicht unsre lautesten,
sondern unsre stillsten Stunden.«
FRIEDRICH WILHELM NIETZSCHE

Bevor du auf die nächste Seite schaust,
warte eine Minute.

Eine Minute, in der du auf deinen Atem achtest
und nichts anderes tust, als bewusst zu atmen.

Schenke dir selbst diese Zeit der Ruhe.
Das Leben ist hektisch, ablenkend und fordernd genug.
Glaub mir, ich kenn das nur zu gut.

1 MINUTE – 60 SEKUNDEN

In dieser Zeit atmen wir ungefähr 12- bis 15-mal ein und aus, und unser Herz vollbringt das Wunder von 60 bis 80 Herzschlägen. Jede Minute, jeden Tag.

60 Sekunden sind eine verschwindend geringe Zeitspanne unseres täglichen Lebens und doch war diese Minute der Konzentration auf deinen Atem für dich vielleicht schon etwas zu lang.

Kein Wunder. Wir Menschen tendieren nämlich dazu, mit unseren Gedanken fast pausenlos in der Zukunft oder in der Vergangenheit festzustecken und viel zu selten an dem einzigen Ort zu sein, an dem wir die Dinge wirklich verändern können – im Hier und Jetzt, dem Platz, an dem unsere Potenziale zu finden sind und an dem echte Veränderung möglich ist. Und genau um diesen Ort wird es hier gehen.

Ich möchte dich in diesem Buch mitnehmen auf eine Reise zu dir selbst. Einem Selbst, das du in der Hektik dieser Welt vielleicht schon vergessen hast, das jedoch alles in sich trägt, um das Leben zu leben, von dem du die ganze Zeit träumst. Ein Leben ohne Wenn und Aber, stattdessen voller »Ja, es geht«. Ein Leben, in dem nicht das »Was wäre, wenn« dominiert, sondern das »Ich mach mal«. Ein Leben, in dem du nichts bereust, sondern in dem Dankbarkeit für das Erlebte deinen Weg pflastert. Ein Leben, das einzigartig ist – so wie du. Ein Leben, das dein Wirken widerspiegelt. Ein Leben, auf das du eines Tages zufrieden zurückblickst, weil du weißt, dass es *deine* Fußstapfen sind, die du hinterlässt.

Was ist in diesem Leben für dich möglich? Viel mehr, als du denkst, so viel ist sicher! In diesem Buch machen wir uns auf die Reise, es herauszufinden.

Klingt kitschig, oder? Ich weiß, ich hätte vor einigen Jahren noch genauso gedacht. Träume, Wünsche, den eigenen Weg gehen? Das hört sich eher nach einem Hollywoodstreifen an und scheint so gar nichts mit unserer Gesellschaft zu tun zu haben, in der nur das zählt, was im Lebenslauf steht.

Doch ich kann dir versprechen, dass deine Träume und Wünsche wichtiger sind als die Fakten deines Lebenslaufes und relevanter für deine Zukunft als jede klassische Karriereplanung.

Woher ich das weiß?

Weil ich es selbst erlebt habe.

Wer ich bin

Mein Name ist Ali und ich habe trotz einer, viele würden sagen »harten Jugend« die klassische Karriereleiter sehr erfolgreich erklommen – nur um dann festzustellen, dass ich mich dort oben leerer nicht fühlen konnte. Ich kenne das Gefühl, wenn man innerlich – ganz tief drinnen – weiß, dass das Leben etwas Wunderbares für einen bereithält, und sich gleichzeitig so vorkommt, als wäre man mit angezogener Handbremse unterwegs. Ich weiß, was es bedeutet, auszubrechen, um wieder bei sich selbst anzukommen. Ich habe erlebt, wie es ist, wenn die eigenen größten Träume Realität werden. Und ich weiß jetzt, wie es ist, ein Leben zu leben, von dem ich immer dachte, »dass nur die anderen« so leben können.

Wenn du hier antrittst, um herausfinden, zu was du alles fähig bist, mach dich auf etwas gefasst: Es wird viel mehr sein, als du zu träumen gewagt hast.

Wenn du willst, zeige ich dir, wie auch du solch ein Leben leben kannst. Ich zeige dir, was in dir steckt, wer du bist und was dich bisher zurückgehalten hat. Ich zeige dir, wie du herausfindest, wer du wirklich bist und welcher Weg der deine ist. Und es ist mir eine Ehre, dein Begleiter auf DEINER Reise zu sein.

DEIN LEBEN, EIN ZUFALL?

Hast du dich schon mal gefragt,
warum du zu dem Menschen geworden bist,
der du heute bist? Gern denken wir,
unser Leben sei eine Ansammlung von Zufällen,
die uns da hingebracht haben, wo wir heute
stehen. Doch stimmt das wirklich?
Ich nehme dich mit auf eine Reise, bei der
wir uns gemeinsam ansehen, wie du dorthin
gekommen bist, wo du heute stehst, wo du im
Leben eigentlich hinwillst und was du tun musst,
um dir selbst dabei nicht im Wege zu stehen.

WARUM WIR UNS HIER TREFFEN

»Be water, my friend.«

BRUCE LEE

Jetzt sitzen wir uns gegenüber. Also nicht richtig persönlich, aber fast. Auf der einen Seite du, der merkt, dass du etwas verändern willst in deinem Leben. Vielleicht weil du spürst, dass es in dieser Welt mehr geben muss, als einer klassischen Karriere hinterherzulaufen und dich auf die Rente zu freuen. Oder weil du keinen Plan hast, was du mit deinem Leben überhaupt anstellen willst. Oder auch, weil dich das, was du gerade lebst, nicht erfüllt und du deine freie Zeit sinnvoller verbringen willst.

Gemeinsam finden wir dein Wofür, das verspreche ich dir!

Egal ob du verzweifelt aus deinem Job rausmöchtest, es satthast, nur so in den Tag hinein zu leben, oder deine Fühler nach einem sinnvollen Tun ausstreckst – du hast zu diesem Buch gegriffen, weil du dein Wofür suchst.

Auf der anderen Seite bin ich: der Typ, der diese Zeilen verfasst hat, dessen Namen du nicht aussprechen kannst und der behauptet, dir helfen zu können, den Weg zu einem Leben zu finden, das wirklich das deine ist.

Wie soll das gehen, fragst du dich. Ich werde es dir zeigen.

Eines aber gleich vorweg: Ich bin kein Experte. Zumindest keiner im herkömmlichen Sinn. Und ich kann dir auch nicht sagen, wie dein Leben in zehn Jahren aussieht oder wie du mit der richtigen Idee Multimillionär wirst. Wenn du das wissen willst, empfehle ich dir den Kauf einer Glaskugel oder den Besuch eines »Wie werde ich Millionär in 7 Tagen«-Onlinekurses.

Was du von mir bekommst, ist Ehrlichkeit, pure Ehrlichkeit. Und zwar, weil ich an dich glaube.

Warum ich das tue, obwohl ich dich nicht kenne?

Das ist recht einfach. Zum einen hast du bereits zu diesem Buch gegriffen, was zeigt, dass du auf der Suche bist. Also hast du die schwierigsten 80 Prozent der Reise bereits geschafft: das Anfangen. Die restlichen 20 Prozent bestehen darin, dranzubleiben und tief zu graben. Nach deinem Selbst, deinen Wünschen, deinen Möglichkeiten und den Antworten, die in dir schlummern.

Bevor du mich für verrückt erklärst – ich war selbst mal wie du. Auf der Suche, nicht richtig unzufrieden, aber irgendwie auch nicht ganz in meiner Mitte und mit dem unbestimmten Gefühl, dass es da draußen noch mehr geben muss. Nur was und wie ich es finden sollte, davon hatte ich keinen Schimmer. Überhaupt gleicht mein Leben in der Rückschau eher einer Achterbahnfahrt als einer geplanten Reise ins Glück.

Die Sinnfrage war zwar immer schon die große Frage des Menschen, doch es scheint, als würde sie heute besonders nachdrücklich gestellt.

Heute aber bin ich glücklich und weiß, wenn es morgen vorbei wäre, ich würde nichts bereuen. Um diesen Zustand zu erreichen und das Leben zu haben, dass ich heute führe, musste ich genau bei den Fragen ansetzen, die du dir gerade stellst: »Was genau will ich eigentlich im Leben und wie zum Henker finde ich es heraus?«

DIE ALLGEGENWÄRTIGE SUCHE NACH DEM WOFÜR

Du bist übrigens nicht allein bei deiner Suche nach dem Sinn, deinem Wofür oder deinem Warum – wie immer du es auch nennen magst.

Wir erleben in der Arbeitswelt gerade einen kompletten Umbruch, und zwar auf globaler Ebene. Viele Arbeitgeber wundern sich, dass immer mehr Menschen neben dem Gehalt, den betrieblichen Zusatzleistungen und ihrem gesetzlichen Urlaubsanspruch plötzlich noch mehr wollen; dass sie Sinn in ihrer Arbeit suchen. Wer den nicht liefern kann, muss zusehen, wie gute Mitarbeiter das Weite suchen oder täglich mit weniger Motivation am Arbeitsplatz erscheinen.

Ich selbst hatte das Glück, dass mich das Leben fast schon dazu zwang, mich mit meinem Wofür auseinanderzusetzen. Wie ich die richtigen Fragen fand, um mein Wofür aufzuspüren, und mich dann auf die Reise machte, davon will ich dir erzählen. Doch dieses Buch ist keine Autobiografie. Es soll dein Begleiter sein, der dabei ist, wenn du die Reise zu dir selbst und zu deinem Wofür antrittst.

Wenn ich nun trotzdem damit beginne, dir etwas über mich und aus meinem Leben zu erzählen, dann damit du mich kennenlernst und siehst, dass ich nicht nur ein unfassbar gutaussehender Typ bin (Vorsicht, Humor!), sondern dass ich den Prozess, an dessen Anfang du vermutlich gerade stehst, selbst durchschritten habe.

Wenn du dich auf den Weg machst, um dich selbst wirklich kennenzulernen, nimm einen Begleiter mit, der dir zur Seite steht – dieses Buch.

Du wirst übrigens nicht die klassische Heldengeschichte zu hören bekommen, sondern eher ein breites Spektrum von dem, was das Leben uns an Erfahrungen schenken kann. Daher erzähle ich dir zuerst einmal, was ich bisher so gemacht habe. Wer weiß, vielleicht entdeckst du dich an der einen oder anderen Stelle selbst darin wieder.

Damit wir uns nicht missverstehen, natürlich musst du nicht mein Leben und meine Vergangenheit erlebt haben, um deinen Weg zu finden. Mir geht es darum, dass du siehst, wie vielfältig und teilweise auch holprig die Wege zu einem zufriedenen und glücklichen Leben sein können. Ich lebe in derselben

Welt wie du, mit denselben Regeln, denselben Möglichkeiten (auch wenn das nicht immer so wirkt).

In diesem Buch möchte ich dir zeigen, was mir geholfen hat, meinen eigenen Weg zu finden. Auf meiner Reise habe ich viele Übungen, inspirierende Geschichten und Prinzipien entdeckt, die ich hier gern mit dir teilen möchte.

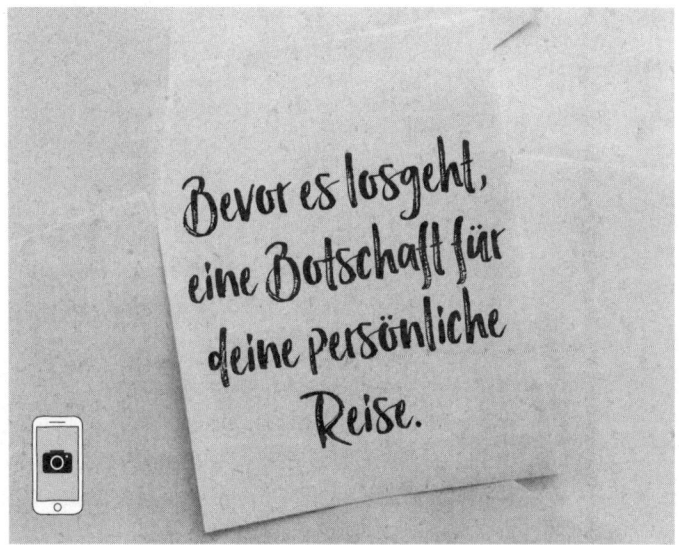

EIN FEHLER IM SYSTEM

*»Eigentlich ist Ali mit seinem Lebenslauf
ein Fehler im System.«*

MARLENE URBANEK, EHEMALIGE ABENDSCHULLEHRERIN

Mein Name ist Ali, Nachname Mahlodji – gesprochen Malod-schi (im hinteren Teil klingt es wie »Hatschi« – das kennst du, wenn du ab und zu niesen musst).

Ich wurde im Iran geboren, genauer gesagt in Teheran, der Hauptstadt. Dies erklärt meinen speziellen Nachnamen, der auch nach 30 Jahren in Österreich und Deutschland noch für Verwunderung sorgt.

Gern würde ich dir erzählen, dass ich eine tolle Kindheit hatte, während meiner Volksschulzeit schon wusste, dass ich später mal Unternehmer werden will, und meine Leidenschaft, etwas für die Jugend zu tun, in einem meiner Auslandssemester entdeckte. Das würde ich dir gerne erzählen. Doch ich habe dir versprochen, ehrlich zu sein.

DIE ETWAS ANDERE GESCHICHTE AUS TAUSENDUNDEINER NACHT

Ich bin im Iran zur Welt gekommen, das stimmt. Auch ist es richtig, dass ich in eine tolle Familie geboren wurde. Meine Großeltern waren immer darauf bedacht, die Harmonie und das Gemeinschaftsgefühl in der Familie hochzuhalten. Und während andere persische Eltern bereits während der Schwangerschaft darüber nachdachten, welche Karriere ihr Kind eines

Tages einschlagen sollte, war meinen Eltern einzig wichtig, dass ich geborgen und liebevoll aufwachsen sollte. Sie waren beide Akademiker, Führungskräfte im Telekommunikationsbereich. Mein Vater war Ingenieur mit Schwerpunkt Software-Entwicklung, meine Mutter Spezialistin im Personalmanagement. So weit, so wunderbar. Das einzige Problem war, dass wir im Iran lebten. Auf der einen Seite ein wunderbares Land voller blühender Kultur, auf der anderen Seite eine Diktatur, in der ein verrutschtes Kopftuch zu Peitschenhieben und die falsche Meinung zur Todesstrafe führen konnte.

Meine Eltern liebten ihre Freiheit und es war für beide schwer mitzuerleben, wie unter dem neu an die Macht gekommenen Ajatollah Khomeini die Menschenrechte mit Füßen getreten wurden. *Unter Khomeini spaltete sich das Land in Anhänger und Gegner. Für viele mit fatalen Folgen.* Während viele Iraner sich dem Diktat der neuen Regierung beugten, brannte in meinen Eltern der Wunsch, ihr Land in Freiheit zu erleben. Es gab keine Demonstration, an der sie nicht teilnahmen, keine Kundgebung, von der sie nicht Teil gewesen wären.

Und dann begann die Regierung, die Demonstranten zu verhaften, und es sprach sich herum, dass einige, die verhaftet wurden, nicht mehr zurückkamen.

Meine Eltern erfuhren von einem Bekannten aus dem Innenministerium, dass sie aufgrund ihrer politischen Meinung auf einer der gefürchteten Verhaftungslisten standen, und wussten: Wenn sie das Land nicht innerhalb von 24 Stunden verlassen würden, würden sie keine Zukunft in Freiheit erleben.

Ich war ungefähr drei Jahre alt, als meine Eltern und ich mithilfe einer Schlepperbande – natürlich auf illegalem Wege – den Iran Richtung Türkei verließen. Wir schafften es über die Grenze in die Stadt Hakari, wurden dort allerdings von der Polizei verhaftet. Hätte man, wie geplant, meine Eltern und mich zurückgeschickt, wäre ich zweifellos als Waise aufgewachsen.

Unser Glück war, dass Amnesty International und die UNO von der Flucht meiner Eltern erfahren hatten und bei ihrer Verhaftung intervenierten, sodass wir mithilfe dieser Organisationen nach Europa, genauer gesagt nach Österreich gebracht wurden.

Eine neue Zukunft

Die ersten Monate auf europäischem Boden verbrachten wir im Flüchtlingsheim Traiskirchen, einem Ort, an dem jeder Funken Hoffnung nach und nach kalter Verzweiflung weicht. Hier schwebte täglich das Damoklesschwert über uns, dass wir mit dem nächsten Flieger wieder in den Iran zurückgeschickt wurden. Zurück in die Unfreiheit, zurück in die Bedrohung, zurück in die Steinzeit der Menschenrechte.

Es dauerte eine Weile, aber irgendwann wurde Europa unsere Heimat.

Es dauerte sechs Monate, bis meine Familie einen positiven Asylbescheid bekam und wir zu hoffen wagten, dass unsere Reise erst begonnen hatte. Die nachfolgenden Jahre waren nicht nur turbulent, sie hätten auch jede Statistik und jedes Vorurteil gegenüber einer Flüchtlingsfamilie bestätigt.

Mein Vater wurde aufgrund der Fluchtstrapazen psychisch schwer krank und schaffte es nie wieder, auf die Beine zu kommen. Bei ihm wurden Schizophrenie und einige andere Krankheiten diagnostiziert, welche es ihm unmöglich machten, das Trauma der Flucht zu verarbeiten.

Meine Mutter musste sich daher nicht nur um mich und ihren kranken Mann kümmern, sondern auch für uns alle Geld verdienen. Und da man in Österreich ihre Ausbildungen nicht anerkannte, war sie sich nicht zu schade, trotz Hochschulabschluss und Positionen im Top-Management nun als Putzfrau zu arbeiten. Als mein kleiner Bruder geboren wurde, wuchs sie über sich hinaus und lernte, das Leben trotz aller Herausforderungen so zu jonglieren, dass es uns an nichts fehlte.

Mit dem Rücken an der Wand die eigenen Träume leben

Wir glauben immer, dass sich nur die Menschen, die in finanzieller Hinsicht ein gutes Leben führen, ihre Träume erfüllen können, doch von meiner Mutter lernte ich, dass man – gerade wenn man mit dem Rücken an der Wand steht und alles verloren hat – damit anfangen muss.

Fang nicht erst an, über dein Traumleben nachzudenken, wenn alles bei dir rundläuft. Tue es jetzt sofort!

»Wenn du alles verloren hast, bist du frei und hast eine grüne Spielwiese vor dir – dann kannst du deinen Lebensplan neu zeichnen«, war eine der Weisheiten, die sie mir früh mit auf den Weg gab. Als Kind verstand ich kein Wort, doch später im Leben wurde dieser Satz mein Antrieb in schweren Zeiten.

Meine Mutter nutzte die Chance des unfreiwilligen Neuanfangs und begann neben all den Strapazen, mit denen sie jeden Tag zu kämpfen hatte, berufsbegleitend Sozialarbeit zu studieren – ihr Traumberuf, den ihr ihre Eltern im Iran nicht erlaubt hatten. In deren Augen war das Ansehen einer Sozialarbeiterin gering, ein klassisches Wirtschaftsstudium hingegen versprach die Aussicht auf eine glänzende Karriere und das richtige Bild bei den Nachbarn und in der Gesellschaft.

Trotz eines kranken Mannes, eines Jobs als Reinigungskraft und zwei kleinen Jungs, die Aufmerksamkeit und Liebe brauchten, schaffte meine Mutter es, ihr Studium zu beenden, und arbeitete dann bis zuletzt als Sozialarbeiterin in Wien. In ihrem Job blühte sie auf. Sie konnte Menschen in schwierigen Situationen helfen und sich jeden Tag sicher sein, dass sie etwas Sinnvolles in dieser Welt bewegt hatte. Ja, ihr Job war keiner, durch den man reich wird, doch den inneren Schatz, den sie sich dadurch jeden Tag anhäufte, den konnte ihr niemand nehmen.

Viele Jahre lang ist meine Kindheit in meiner Erinnerung geborgen und glücklich gewesen – gut hatte ich verdrängt, was die Realität gewesen war. Die Realität war, dass wir, als ich zehn Jahre alt war, bereits 13 Wohnungen hinter uns hatten. Meine Klamotten waren allesamt Spenden von der Caritas oder vom Roten Kreuz und manchmal wusste meine Mutter nicht, wo das Geld für Essen und Miete herkommen sollte.

WENN ES DIR DIE STIMME VERSCHLÄGT

Es war der 22. Dezember, als meine Eltern uns eröffneten, dass sie sich trennen würden. Zu viel, zu laut und zu wild waren ihre Streitereien geworden und einmal zu viel war meinem Vater die Hand ausgerutscht. Meine Mutter reichte die Scheidung ein.

Ich war 13 Jahre alt und mein kleiner Bruder acht. Für uns beide war es ein Schock, obwohl wir innerlich schon lange gespürt hatten, dass unser Zuhause kein Ort der Liebe mehr war, sondern eher ein Kriegsschauplatz. Die psychische Krankheit meines Vaters hatte der ganzen Familie zugesetzt und jede Ruhe ins Wanken gebracht.

Auch wenn sich Eltern noch so sehr streiten, ist eine Trennung für viele Kinder erst mal ein Weltuntergang.

Dennoch brach für meinen Bruder und mich die Welt zusammen, als wir von der Scheidung erfuhren. Am selben Tag hörten wir beide auf zu sprechen. Nicht absichtlich – es ging einfach nicht mehr, wir verstummten.

Es dauerte viele Sitzungen mit Pädagogen, bis wir wieder zu sprechen begannen, doch wir beide stotterten. Ich über zehn Jahre lang, bis ich Mitte zwanzig war.

Schulangst

Diese Angst vor dem Sprechen ließ meine Schulzeit zu einem Spießrutenlauf der Peinlichkeiten werden. Ich hatte Angst vor der Schule, Angst vor den Mitschülern, die mich auslachten, und Angst vor Büchern. Bücher waren das Sinnbild für das, was ich nicht konnte: vorlesen. Und das mussten wir in der Schule fast jeden Tag. Um all dem auszuweichen, fand ich eine ganz pragmatische Lösung: Ich wurde der erfolgreichste Schulschwänzer der Schule. Selbsterklärend, dass diese Kombination nicht zu einem guten Schulerfolg führen konnte.

Meine Kindheit und Jugend über habe ich mir nichts sehnlicher gewünscht, als in flüssigen Sätzen sprechen zu können.

Während dieser Zeit stellte ich mir vor, wie ich eines Tages der größte Lehrer der Welt werden würde, wenn ich nur wieder normal sprechen könnte. Groß war meine Sehnsucht, all meine Gedanken der Welt mitzuteilen. Ich war nämlich schon immer sehr neugierig gewesen und wenn ich mal, trotz des Stotterns, ins Reden kam, hörte ich gar nicht mehr auf – da wurde ich dann zu einem kleinen Wasserfall, der seinem Umfeld alles mitteilen wollte, was er sich dachte.

Doch statt der größte Lehrer der Welt zu werden, schmiss ich ein halbes Jahr vor dem Abi ich die Schule – zu groß war die Angst vor den mündlichen Prüfungen. Nun war ich also ein stotternder Schulabbrecher, der den Stempel Flüchtlingskind auf der Stirn trug und einen Namen hatte, den kein Mensch aussprechen konnte. Keine gute Ausgangslage. Doch ich hatte Glück, nicht auf den ersten Blick, aber im Nachhinein gesehen.

Ist der Ruf erst ruiniert, lebt es sich ganz ungeniert

Wie ist das, wenn man so ziemlich alle Menschen um einen herum enttäuscht hat und dann laut Statistik froh sein muss, wenn man überhaupt einen Job bekommt?

Nun ja, ich kann davon ein Lied singen. Wie gesagt, komischer Nachname, kein Abschlusszeugnis, Herkunft Ausland und dann noch nicht mal in der Lage, einen fließenden Satz zu sagen. Glaub mir, da sagt niemand: »Du hast sicher Potenzial, du kannst bei mir arbeiten.« Das passiert nur in Hollywood-filmen. Stattdessen lernte ich damals, mit Absagen umzugehen.

Ich war es immer schon gewohnt gewesen, in den Schul-ferien nebenbei zu arbeiten, dieses Arbeitsethos hatten mir meine Eltern mitgegeben. Nach dem Schulabbruch aber war die Situation anders: Jetzt war ich plötzlich gezwungen, einen echten Job zu finden, um zu Hause Miete zu bezahlen.

Ja, richtig gelesen. Nachdem ich meiner Mutter eröffnet hatte, dass ich nicht mehr in die Schule gehen würde, antwortete sie mir, dass ich vier Wochen Zeit hätte, mir einen Job zu suchen. Sonst müsse ich ausziehen. Auf meine Verwunderung, warum sie mich so unter Druck setzte, sagte sie mir damals nur knapp, dafür aber eindringlich:

»Weißt du, Ali, ich werde nicht immer da sein für dich. Du hast die Entscheidung getroffen, die Schule abzubrechen. Ich bin da-rüber nicht erfreut, aber es ist deine eigene Entscheidung, denn du bist kein Kind mehr. Und Entscheidungen formen unser Leben. Sie bringen auch Konsequenzen mit sich, das musst du jetzt lernen.«

Ich hatte meine Mutter noch nie so klar und bestimmt erlebt. Ich wusste, darüber konnte ich mit ihr nicht verhandeln. In die-sem Augenblick kam sie mir kalt vor, doch Jahre später erkannte ich, dass ihr diese Ansage schwerer gefallen war als mir und sie dies aus Liebe getan hatte. Sie wollte mir helfen, auf eigenen Bei-nen zu stehen.

Doch egal, wie schlecht und vor allem ungerecht ich da-mals ihre Idee fand, eines war klar: ich hatte vier Wochen, sonst würde ich ausziehen müssen.

Wenn du dich zurückerinnerst, warst du vermutlich auch oft von deinen Eltern genervt oder sauer auf sie, weil sie es vermeintlich immer besser wussten oder dir Vorschriften machten. Fakt ist, dass sie dich – egal wie nervig ihre Ansichten und Entscheidungen vielleicht manchmal waren – geprägt haben und ihre Entscheidungen ein Teil von dir geworden sind.

Die folgende Übung hilft dir zu erkennen, dass viele positive Dinge deines Lebens den Entscheidungen deiner Eltern zu verdanken sind, obwohl du damals vielleicht dagegen gekämpft hast und dir dessen auch Jahre später nicht bewusst warst.

IMPULS:
Meine Eltern meinten es nur gut

Schreibe dir auf, für welche Entscheidung deiner Eltern aus deiner Jugend du heute dankbar bist, obwohl dir diese damals unfair erschienen.

KARRIERESTART FÜR ARME

Mit meinen »tollen« Karrierevoraussetzungen und dem Druck seitens meiner Mutter durfte ich keine Zeit verlieren, so viel war klar. Ich musste einen Job finden, so schnell wie möglich.

Ich bewarb mich jeden Tag bei mindestens zehn Unternehmen, doch es schien komplett aussichtslos. Ich bekam eine Absage nach der anderen. Da ich jedoch keine andere Wahl hatte, machte ich einfach immer weiter. Und mehr noch: Ich lernte dabei, derjenige zu sein, der hartnäckiger war als alle anderen. Wenn sich zehn Personen auf einen Job bewarben und alle eine Absage erhielten, war ich der Einzige, der sich trotz Stotterns wieder meldete und Feedback wollte und sich damit quasi noch mal ins Rennen brachte. Dieses Verfahren brachte mir eine wichtige Erkenntnis ein: Wenn du es ein zweites Mal versuchst, hast du fast 90 Prozent der Bewerber abgehängt, weil sie alle nach der ersten Absage aufgeben.

Diese Hartnäckigkeit, die nicht meiner Intelligenz oder meinem Weitblick, sondern meiner Angst vor der Straße geschuldet war, half mir, Jobs zu finden, die mich immerhin über Wasser hielten. Mal war ich Briefträger, mal Partyfotograf, mal Securitymitarbeiter oder mal Laborassistent in einer Apotheke. Dort musste ich chinesische Granulate zusammenmischen und in Kapseln abfüllen. Der spezielle Lack, der dafür sorgte, dass die Kapseln sich erst im Magen lösten, war beim Aufbringen so ätzend, dass meine Finger heute noch Risse haben.

Ich bin so dankbar, dass meine Eltern uns immer vorgelebt haben, wie wichtig es ist, nicht aufzugeben.

Bis zum heutigen Tag hatte ich über 40 verschiedene Jobs in meinem Leben – zum einen, weil ich schon immer neugierig war, doch noch mehr, weil ich mir irgendetwas meine Brötchen verdienen musste.

EIN FOLGENREICHES KLASSENTREFFEN

Meine ehemalige Schulklasse beschloss zirka ein halbes Jahr nach dem Abschluss, ein Klassentreffen als Dankeschön für die Lehrerschaft zu organisieren. Auch ich wurde eingeladen. Obwohl es mir peinlich war, hinzugehen – alle hatten sie ihr Zeugnis in der Tasche und eine tolle Zukunft vor sich, während ich darum kämpfte, mich auf den Beinen zu halten –, sagte ich zu. Ich wollte einige meiner Kumpels wiedersehen. Und wieder abhauen konnte ich ja jederzeit.

Ich hatte Glück und einer meiner ehemaligen Lehrer, Klaus Weber, der wohl netteste Geschichtelehrer der Welt, setzte sich zu mir. Mit den meisten Lehrern hatte ich auf Kriegsfuß gestanden, doch ihn mochte ich. Egal wie langweilig die Inhalte waren, bei seinem Unterricht schien die Zeit nicht vergeudet. Zudem hatte ich immer das Gefühl gehabt, dass Herr Weber uns nicht in erster Linie Stoff vermitteln wollte, sondern eher daran interessiert war, mit uns über das Leben zu sprechen. Ihm war es ein echtes Anliegen, dass aus uns allen etwas wurde.

So saßen wir nun nebeneinander an diesem denkwürdigen Abend, und während sich alle erzählten, was sie jetzt nach der Schulzeit so machen, fragte er mich nach meinen Plänen.

»Pläne? Ich bin froh, wenn ich einen Job habe«, war meine Antwort. Herr Weber dürfte relativ schnell gemerkt haben, dass ich mich keinen Träumen von einer rosigen Zukunft hingab. Er fragte mich, ob ich nicht daran denken würde, irgendeine Ausbildung zu machen, wenn mich meine jetzige Situation nicht glücklich machte.

Hätte Herr Weber mich nicht im richtigen Moment daran erinnert, dass ich etwas kann, wäre mir die Türe zu meinem Wofür vielleicht noch immer verschlossen.

»Was denn für eine Ausbildung? Wieder in die Schule gehen? Herr Weber, Sie wissen doch, dass ich im Unterricht immer eine Null war und mir das Lernen weiß Gott nicht leichtgefallen ist.«

Mit seiner Reaktion hatte ich nicht gerechnet.

»Ali, das stimmt doch nicht.« sagte er. Seine Stimme klang höher als sonst und er schaute mich mit großen Augen an.

Ich war irritiert.

Er musste doch wissen, dass ich nicht nur aufgrund meiner vielen Fehlstunden katastrophale Noten gehabt hatte, sondern dass das Lernen als solches mir die Schweißperlen aufs Gesicht trieb. Sicher nicht ohne Grund war bei mir seinerzeit offiziell ADHS und eine Lernschwäche diagnostiziert worden.

»Es stimmt, du hattest nie ein besonders gutes Zeugnis, Ali, doch eine Sache gab es, bei der warst du immer besser als deine Mitschüler und sogar besser als wir Lehrer: Informatik. Darin hast du dich leichtgetan, auch wenn es kein Hauptfach war.«

Mein Lieblingsfach

Er hatte recht. Während alle in der Klasse bei Informatik und EDV geächzt und vor den Prüfungen Angst gehabt hatten, hatte ich dabei meinen größten Spaß – sogar in meiner Freizeit las ich Bücher und Magazine dazu. Doch in meiner alten Schule war Informatik niemals relevant gewesen, zumindest wurde uns dies nicht vermittelt. Als wichtig galten hier nur die klassischen Fächer, und in denen war ich nun mal eine Niete.

Festzustellen, dass wir mit dem, was wir gern tun, etwas erreichen können in der Welt, kann eine ungeahnte Energie in uns freisetzen.

»Weißt du, Ali, ich rate dir: Egal, was genau du machst, geh in diese Richtung. Informatik war immer das Deine, es ging fast schon von allein. Du hast stets leuchtende Augen bekommen, wenn mal über Computer oder Softwareprogramme gesprochen wurde.«

Er erzählte mir noch, dass es für Schulabbrecher wie mich Abendschulen gebe, wo es möglich sei, neben dem Vollzeitjob das Abi nachzuholen.

Bis zu diesem Klassentreffen hatte ich immer gedacht, dass ich lernschwach sei, und mich entsprechend wenig dafür interessiert, etwas aus meinem Leben zu machen. Doch nun, wo ich plötzlich erkannte, dass ich keine vollkommene Niete war, sondern da etwas war, das mich wirklich interessierte, wuchs in mir eine starke innere Motivation. Ich war elektrisiert.

WENN DER FISCH SEIN WASSER FINDET

Als Kind hatte ich in die Schule gehen *müssen*, was für mich sehr schlimm gewesen war. Es war gar nicht so sehr die Schule selbst, die mich störte, sondern der Zwang des Müssens. Es gab de facto keine Alternative. Ich weiß, dass auch viele andere Erwachsene die Schulzeit als Zwangsveranstaltung in Erinnerung haben.

Das Verrückte am Schulabbrechen war, dass ich jetzt als Erwachsener meine eigenen Entscheidungen treffen konnte, ja sogar musste. Da hatte meine Mutter schon recht. Wenn ich jetzt also noch einmal in die Schule ging, dann freiwillig. Und noch ein anderer Aspekt kam hinzu: Als ich die Schule hinschmiss, hatte ich so ziemlich alle Menschen um mich enttäuscht. Das fühlte sich gar nicht gut an. Doch irgendwann erinnerte ich mich wieder an ihren Satz von der grünen Spielwiese und dem Lebensplan, den ich nun wieder neu zeichnen konnte, und ich merkte, wie recht sie damit gehabt hatte.

So bitter es ist, wenn keiner dir mehr etwas zutraut, so befreiend ist es auch – endlich kannst du tun und lassen, was du willst.

Du bist erst richtig frei, wenn niemand mehr eine Erwartung an dich hat, beziehungsweise wenn du dich davon nicht mehr lenken lässt. Zwar war ich – nach dem herkömmlichen Verständnis – ganz unten in der Gesellschaft, doch genau deshalb konnte ich tun und lassen, was ich wollte. Egal welcher Job und welche Ausbildung, ich konnte es endlich nur für mich tun. Und ich nutzte meine Chance.

Abendschule

Ich arbeitete jeden Tag bis ungefähr 17 Uhr und saß dann von 18 Uhr bis 22 Uhr in der Abendschule mit Schwerpunkt Informatik. Diese Doppelbelastung war hölle anstrengend, das kannst du mir glauben. Doch so hart es auch war, so sehr hatte ich dabei das tolle Gefühl, meine Zukunft zum ersten Mal wirklich selbst in die Hand zu nehmen. Und dazu kam, dass mich die Schule zum ersten Mal wirklich interessierte.

Herr Weber hatte recht gehabt – obgleich ich in meiner Jugend die Schulzeit gehasst hatte, fühlte ich mich jetzt wohl. Ein bisschen so wie ein Fisch, der ins Wasser gefunden hat. Trotzdem war es echt hart, voll zu arbeiten und dann noch zur

Schule zu gehen; im Durchschnitt schafften nur 30 Prozent der Abendschüler den Abschluss. Ich war Gott sei Dank einer von ihnen.

Danach wollte ich es nun richtig wissen und schrieb mich an der Fachhochschule Technikum Wien im Studienfach »Verteilte Computersysteme« ein. So komplex das Studium klang, so schwer war es auch. Wieder musste ich meine Ausbildung berufsbegleitend neben Vollzeitjobs machen, denn irgendwie musste ich mich ja finanzieren.

Das klassische Bachelor-Studium dauerte drei Jahre, also sechs Semester. Ich schaffte es in vier.

Auch wenn das Ganze recht fantastisch klingen mag – wenn du etwas lernst, das dich auch in deiner Freizeit interessiert, dann ist Lernen kein Muss, sondern ein Genuss, und ich war jeden Tag dankbar, dass Herr Weber mich auf die richtige Fährte geführt hatte.

Dass Lernen auch Spaß machen kann, habe ich erst auf der Abendschule erfahren, als Lernen etwas Freiwilliges wurde.

Heute frage ich mich, warum ich nicht schon früher jemanden in meinem Leben gefunden habe, der mich in die richtige Richtung hätte stupsen können. Doch womöglich gab es diese Menschen sogar und ich war nur noch nicht bereit, ihre Ratschläge anzunehmen.

WENN DU NICHTS ZU VERLIEREN HAST

Nach dem Abschluss meiner Ausbildungen ging es Schlag auf Schlag. Mit der vielen Berufserfahrung neben der Abendschule und dem Studium hatte ich bewiesen, dass ich Biss hatte – wenn ich etwas tat, das mir lag und das ich aus tiefster Überzeugung tun konnte.

Ich startete ein Trainee-Programm bei einem der größten deutschen Industriekonzerne, Siemens, und stieg dort recht rasch zum technischen Berater auf, der immer dann von Unternehmen geholt wurde, wenn es darum ging, wirtschaftliche Anforderungen in Computerprogrammen abzubilden.

Es war traumhaft, ich wurde für etwas bezahlt, das mir riesigen Spaß machte und Unternehmen dabei half, in ihrem täglichen Tun besser zu werden. Wenn mir jemand ein paar Jahre zuvor erklärt hätte, dass ich mal so einen Job würde ausführen dürfen, ich hätte ihn ausgelacht. Das alles war fast zu schön, um wahr zu sein.

Meine Begeisterung für die Arbeit mit Menschen an der Schnittstelle von Wirtschaft und IT sprach sich schnell herum, und so dauerte es nicht lange, bis ich vom US-Konzern Sun Microsystems als »Engagement Manager for Special Projects« abgeworben wurde. De facto war das derselbe Job wie bei Siemens, nur dass jetzt auch das Verkaufen von Soft- und Hardware zu meinen Aufgaben gehörte. Irre. Ich musste mich selbst kneifen, um zu glauben, dass das alles wirklich passierte.

Ich war einer der jüngsten Manager, gerade mal 27 Jahre alt, aber Freude machte mir mein Job keine.

Der Job war toll bezahlt, das Unternehmen und seine Produkte in der Branche hoch angesehen, und außerdem wartete dort noch eine besondere Herausforderung auf mich: Sun Microsystems hatte harte Jahre hinter sich. Die Firma stand mit dem Rücken zur Wand, und die Konkurrenz wurde immer größer – alle wussten: Jetzt ging es um alles. Keine Frage, bei diesem Comeback-Fight wollte ich dabei sein.

Doch nicht lange, nachdem ich bei Sun Microsystems begonnen hatte, wichen meine Kampfeslust und meine Neugierde den Bequemlichkeiten, die solch ein Job mit sich bringt: tolles Firmenauto, Aktienoptionen im Wert von einigen tausend Euro, ein Büro in einem der größten Glastower des Landes, coole Visitenkarten mit einem Jobtitel, der heroisch klang, obwohl ihn niemand verstand – und ich durfte jeden Tag im Anzug antanzen.

Was für eine Karriere – dachte ich zumindest. In Wirklichkeit war ich zu einem großen Arschloch mutiert, das nur mehr für das Geld, Prestige und für die Erhaltung des eignen hohen Lebensstandards arbeitete. Und noch etwas Entscheidendes änderte sich: Nicht nur das Unternehmen kämpfte am Markt, sondern auch die Mitarbeiter untereinander. Es ging nicht mehr um den Erhalt der Gemeinschaft, sondern darum, wer sich besser positionierte. Schließlich war klar, dass die Arbeitsplätze nicht sicher waren und nur die Besten ihren Job auf längere Sicht würden behalten. Natürlich wollte da niemand derjenige sein, der seinen Hut nehmen musste, wenn die nächste Kürzungsrunde im Unternehmen anstand. Viel materielle Entlohnung, dafür keine Freude und Erfüllung im täglichen Tun, sondern permanenter Stress und ein Hamsterrad, das nie zu Ruhe kam – aber das war wohl der Preis, den man für den Erfolg zahlte.

EINE ZWEITE CHANCE

*»Die Zukunft hat viele Namen: Für Schwache
ist sie das Unerreichbare, für die Furchtsamen das Unbekannte,
für die Mutigen die Chance.«*
VICTOR HUGO

Alles änderte sich, als mein Vater starb. Aus heiterem Himmel, ohne Vorankündigung, im Alter von 53 Jahren. Sein plötzlicher Tod zerrüttete mein Weltbild – zusammen mit dem Job, in dem ich viel Geld, aber keine Erfüllung fand, war das eine fatale Kombination.

Es begann mit einem Schmerz in der Brust, bei dem die Ärzte jedoch trotz mehrmaliger Untersuchung nichts finden konnten. Dann kamen schlaflose Nächte hinzu und am Ende konnte ich das Bett nur noch schwer verlassen. Ich konnte keine Mails mehr lesen oder keinen Schritt ins Büro machen, ohne dass ich einen elefantengroßen Druck in der Brust verspürte.

Ein Psychiater zog die Reißleine und diagnostizierte ein Burnout im fortgeschrittenem Stadium; ich wurde auf unbestimmte Zeit krankgeschrieben.

Tag und Nacht arbeiten und dann irgendwann feststellen, wie sinnentleert der eigene Job ist – das kann einem schnell den Boden unter den Füßen wegreißen.

Die Monate vergingen und mit ihnen alles, was ich mir mit so viel Mühe und Arbeit aufgebaut hatte. Ich verlor meinen Job, meine damalige Freundin (die sich einen stabileren Lebenspartner wünschte), meine Business-Freunde und das vermeintlich Wichtigste: meine gesellschaftliche Stellung in der Karrierewelt.

Durch den Tod meines Vaters aber war mir eines klargeworden: wie sinnlos mein damaliger Job war. Ich hatte zwar diese spannende Herausforderung zu bewältigen und arbeitete mit den neuesten Technologien, doch unterm Strich konnte ich mich selbst nicht davon überzeugen, dass das, was ich da tat, etwas Sinnvolles war – zumal ich wusste, dass das Unternehmen kurz vor dem Verkauf stand und es nur noch darum ging, den Aktienwert zu heben.

Bis zum Tod meines Vaters waren mir derlei Überlegungen weitgehend egal gewesen und wenn sich doch mal Zweifel meldeten, hatte ich sie schnell unter den Teppich gekehrt. Doch sein Verlust setzte meine Sensoren wieder auf null – mit einem Schlag wurde mir die Endlichkeit meines Lebens und die Sinnlosigkeit meines täglichen Tuns bewusst.

Das Leben ist keine Generalprobe

»Ich konnte mich nicht mal verabschieden«, sagte ich damals zu dem Arzt, der mich ins Krankenhaus hatte rufen lassen, als mein Vater im Rettungswagen eingeliefert wurde.

»Wissen Sie, Herr Mahlodji, das können die wenigsten« – seine Worte kann ich heute noch hören. Es war der Satz, der mir klarmachte, wie endlich unser Leben ist und wie häufig wir so leben, als wäre es eine Generalprobe.

Wer die Endlichkeit des eigenen Lebens ignoriert, erlebt oft ein böses Erwachen.

Seit dem Tag im Krankenhaus konnte ich mir selbst nicht mehr einreden, dass wir Menschen alles, was uns Spaß macht und was wir wirklich wollen, irgendwann später mal in der Rente tun können. Wer weiß, ob diese jemals kommt – mein Vater hat sie nicht mehr erlebt.

Mein damaliges Umfeld war verwundert, dass ich mit nur 27 Jahren ein Burnout hatte. Manche rieten mir zu einem verlängerten Wochenende in einer Therme, zum Entspannen, wie

sie sagten, andere empörten sich, dass so ein junger Mann schon
so überlastet war. Nur die Ärzte nahmen mich wirklich ernst
und taten das, was sie so tun:
sie gaben mir Antidepressiva *Während des Burnouts erinnerte ich*
und stellten mich ruhig. *mich an den Satz meiner Mutter,*
   Es dauerte Monate, bis ich *der mir schon nach meinem Schul-*
aus der Nummer rauskam. Dass *abbruch geholfen hatte: Wenn*
es mir irgendwann gelang, habe *niemand mehr eine Erwartung an*
ich nicht zuletzt meinem Freun- *dich hat, bist du frei.*
deskreis und einem Psycholo-
gen zu verdanken, dem mein Schicksal nicht egal war. Er drückte
bei mir die richtigen Knöpfe und machte mir klar, dass ich nach
all den Erlebnissen langsam verstehen musste, dass es an der Zeit
war, beruflich endlich das zu tun, was ich immer schon hatte machen wollen – das, was ich wirklich, wirklich, wirklich tun wollte.

DER ERWACHSENE, DER ICH
IMMER SEIN WOLLTE

Als ich wieder arbeitsfähig war und zurück ins gesellschaftliche
Leben trat, folgte ich dem, was immer schon ganz tief in mir gewesen war, und landete in meinem Traumjob: Ich wurde Lehrer
für Mediendesign in einem Gymnasium. Weil es in diesem Bereich keine ausgebildeten Fachlehrer gab und die Schule auf
Menschen aus der Praxis angewiesen war, durfte ich das ohne
Lehrerausbildung machen.
   Ein Lehrer, der vor einer Schulklasse mit 25 Schülerinnen
und Schülern steht, hat 25 menschliche Schicksale vor sich.
Wenn es dieser Lehrer schafft, auch nur einem Schüler etwas
mitzugeben, so hat er das Leben eines Menschen für immer mit-
geprägt. Eines Menschen, der später mal selbst ein Erwachsener
ist, der vielleicht Kinder hat oder etwas Tolles in die Welt setzt,
auf jeden Fall aber ein Vorbild für andere sein kann.

Dieser Gedanke, Lebensschicksale mitprägen zu können, war pure Magie für mich und etwas, das mich jeden Tag voller Freude aufwachen ließ. Schon als Kind war ich fasziniert von den Lehrern gewesen, die es schafften, uns Kids zu motivieren. Ja, als Kind waren einige meiner Lehrer (bei Gott nicht alle) meine Helden gewesen und jetzt, viele Jahre später, konnte ich selbst so ein Held sein und etwas unterrichten, dass meine Liebe für Informatik als Kernbestandteil in sich trug.

Elternersatz statt Lehrer

Ich bekam einen Spezialvertrag und erlebte den besten, aber auch anstrengendsten Job, den ich je ausüben durfte. Obwohl ich Fachwissen vermitteln sollte, war ich mit ganz anderen Herausforderungen konfrontiert: meine Schüler waren mitten in der Pubertät, sodass ich jeden Herzschmerz, jede Streitigkeit und jede Gefühlsschwankung miterlebte und im Unterricht ausgleichen musste. Für einige meiner SchülerInnen wurde ich ungewollt zum Elternersatz oder zur Vaterfigur.

Es gibt wohl wenige Berufe, die gleichzeitig so anstrengend und erfüllend sind wie der Beruf des Lehrers. Ich ziehe den Hut vor jedem, der sich dieser Aufgabe verschreibt.

Der Lehrerjob bedeutete in finanzieller Hinsicht einen großen Rückschritt, hatte ich in der Konzernwelt doch mehr als das Dreifache verdient. Dieses Minus aber wurde durch etwas ausgeglichen, das ich bis dahin nur vom Hörensagen kannte: innere Zufriedenheit und Glückseligkeit, und das (fast) jeden Tag. Egal, wie hart die Tage manchmal waren, ich hatte immer vor Augen, was meine Worte und meine Arbeit mit den Kids bewegen konnten. Zeitgleich stellte ich fest, dass ich finanziell mit viel weniger auskam und trotzdem ein tolles Leben hatte. Das Schöne war, dass ich durch den freiwilligen Sparkurs bei Neuanschaffungen dazu »gezwungen« war, mir dreimal zu überlegen, ob ich das denn wirklich brauche. Und siehe da, das Leben konnte mit weniger Einkommen und ohne krasses Auto lebenswerter sein, weil ich plötzlich weniger Dinge hatte, um die ich mir Sorgen machte.

Ich möchte nichts romantisieren, der Job selbst war hart und ich verstehe alle Lehrerinnen und Lehrer, die irgendwann das Handtuch werfen, weil das klassische Bildungssystem Potenziale bei Schülern eher abwürgt als fördert. Das Gefühl hatte ich auch und nicht nur einmal war ich mehr als verzweifelt über die fehlende Handhabe, doch zeitgleich nutzte ich meine Unterrichtseinheiten, um mit den Kids über ihre Zukunft zu sprechen.

Ich wollte der coolste Lehrer aller Zeiten sein

Vielleicht kennst du das ja auch noch aus deiner Schulzeit: wir alle erinnern uns an mindestens zwei Lehrer, und zwar an den schlimmsten und an den coolsten Lehrer.

Ich hatte beschlossen, Letzterer zu sein.

Und so sah ich es als meine Aufgabe, die Kids mit den richtigen Fragen auf die Zukunft vorzubereiten und ihnen klarzumachen, dass Schulnoten nichts über das Leben aussagen. Anstatt sie ins Korsett meiner Erwartungen zu drücken, wollte ich sie daran erinnern, was ihnen wirklich wichtig war. Ehrlicherweise war dies neben der verpflichtenden Vermittlung des Fachwissens ein recht schmaler Grat, und teilweise machten mir die Eltern meiner SchülerInnen einen Strich durch die Rechnung.

Wie unglaublich schwer es ist, der coolste Lehrer der Schule zu sein, erkannte ich erst, als ich es versucht habe.

Wenn Eltern ständig dazu drängen, dass ihr Kind eine Ausbildung zu einem »sicheren« Beruf machen soll – ungeachtet dessen, was das Kind wirklich will – dann ist deine Rolle als Lehrer nicht die einfachste, wenn du für das Kind eine selbstbestimmte Zukunft willst.

Das Handy nur für Selfies genutzt

Während der Gespräche mit den Kids merkte ich relativ bald, dass meine Schülerinnen und Schüler zwar alle mit Handys ausgestattet waren – also das Wissen der Welt in ihrer Hosentasche trugen – sie jedoch nur für Katzenfotos und Selfies verwendeten, nicht aber für die wichtigste Frage ihres Lebens: Was will ich später mal machen?

Und genau diese Frage war es, mit denen ich die Kids immer wieder konfrontierte. Ich sage dir, ich war geschockt, als ich merkte, dass sie keine Ahnung hatten.

Es ist erstaunlich, wie stark sich Kinder und Jugendliche auch heute noch an den (überholten) Glaubenssätzen ihrer Eltern orientieren, wenn es um die Berufswahl geht.

Mit schien es, als trügen sie irgendwo in sich versteckt zwar Interessen, Wünsche und Hoffnungen, doch wenn es um ihren zukünftigen Berufswunsch ging, sprachen sie mit den Worten ihrer Eltern oder Großeltern und es wirkte, als hätten sie erfolgreich ausgeblendet, was sie innen drin wirklich wollten: »Irgendwas Sicheres wäre toll, denn das, was ich wirklich will, bringt ja kein Geld.«

Der Tenor war, dass der Beruf manchmal auch Spaß machen durfte, doch in erster Linie dem Geldverdienen diente. Dass diese Kinder eines Tages die meiste Zeit ihres Lebens in der Arbeit verbringen würden und diese Entscheidung daher gut überdenken sollten, das hatte ihnen irgendwie niemand gesagt.

Meine Schüler übernahmen fraglos die Glaubenssätze ihrer Eltern und verbauten sich damit ihre Zukunft. Das wollte ich ändern. Ich war geschockt, wütend und verzweifelt – diese Kids lebten in größerem Wohlstand als alle Generationen davor, in einer technologisch unfassbar tollen Welt und sie hatten das gesamte Wissen in der Hosentasche – und trotzdem redeten sie über ihre Zukunft wie die Erwachsenen zu der Zeit, als ich ein Kind war.

Vielleicht kennst du das auch aus deiner eigenen Jugend? Hattest du Träume, Wünsche oder einen Traumjob, der dir von deinen Eltern oder anderen Erwachsenen kaputt geredet wurde?

Versuche, dich zu erinnern: Was wolltest du mal werden, wenn du groß bist, was wolltest du erreichen, wie wolltest du leben? Ich habe die Erfahrung gemacht, dass alle Kinder Interessen haben und diesen folgen, dass ihnen jedoch in der Schule oder auch von ihren Eltern oder ihrem sonstigen Umfeld beigebracht wird, dass diese nichts wert sind, wenn sie nicht zu einem »sicheren« Job passen, da der sichere Job das Einzige ist, auf das sie in der Schule und in ihrer Ausbildung oder ihrem Studium hineifern müssen, weil es einzig und allein darum in ihrem Leben geht und ein Mensch ohne sicheren Job nicht glücklich sein kann.

DAS HANDBUCH DER LEBENSGESCHICHTEN

»Leben ist das, was passiert, während du beschäftigt bist,
andere Pläne zu machen.«

JOHN LENNON

Als ich 14 Jahre alt war, hatte ich die Idee. Eine absolut geniale Idee, wie ich fand. Mir war in der Schule aufgefallen, dass es für alle Fächer ein Buch gab, aber kein Buch für die größte Frage der Welt: Was kann ich aus meinem Leben machen?

In meiner kindlichen Naivität hatte ich meinen Lehrern vorgeschlagen, dass man doch ein Buch mit Lebensgeschichten schreiben könne, in dem alle Menschen, die berufstätig waren, Einblicke in ihren Beruf und ihren Werdegang geben sollten. Das Buch sollte kostenlos an jeder Schule ausliegen und Kids helfen, die nicht wussten, was sie aus ihrem Leben machen wollten. Meine Idee war, dass ähnlich wie in einem Poesiealbum oder Freundebuch Berufstätige immer dieselben Fragen beantworten sollten – egal ob sie bekannte Persönlichkeiten waren oder der Azubi ums Eck.

Ein Buch, das von allen möglichen Werdegängen und Berufen erzählte, würde eine wunderbare Orientierung für Jugendliche bieten, davon war ich schon früh überzeugt.

Ich fand meine Idee damals wirklich gut, doch ich hatte ein Problem: Ich war ein Kind und meine Lehrer waren der Ansicht, ich solle erst einmal erwachsen werden, dann würde ich schon sehen, wie schwer es wäre, solch ein Buch zu schreiben. In ihren Augen war die Idee viel zu simpel – in meinen Augen war es eine logische Antwort auf unsere Orientierungslosigkeit.

Meine Klassenlehrerin, Frau Holzer, sagte zu mir: »Ali, wenn die Idee so gut wäre, hätte sie schon jemand anders umgesetzt. Und außerdem, weißt du, wie schwer es ist, Geschichten aus der ganzen Welt zu sammeln?«

Glaub mir, wenn du 14 Jahre alt bist und alle Erwachsenen um dich herum deine Idee als naiv und nicht umsetzbar abtun, dann denkst du, dass sie recht haben. Schließlich sind sie ja »die Erwachsenen« und damit quasi die Experten der Welt.

WENN ICH ES NICHT TUE, TUT ES NIEMAND

Jahre später war ich dann plötzlich selbst Lehrer und erlebte, wie ich jeden Tag mehr von den Kids lernte als diese von mir. Zugleich aber hatten sie keinerlei Plan für ihre Zukunft. Es war offensichtlich, dass ihr Leidensdruck durch diese Orientierungslosigkeit genauso groß war wie meiner als Kind.

Da erinnerte ich mich zurück an meine Idee vom Handbuch der Lebensgeschichten und ich beschloss, sie mit den aktuellen Technologien selbst umzusetzen. Gesagt, getan. Ich kaufte mir eine preiswerte Digitalkamera und ein billiges Mikrofon und interviewte fremde Menschen – teilweise auf der Straße – zu ihrer Lebensgeschichte.

Aus dem Handbuch mit Lebensgeschichten wurde eine Website mit Videos.

Parallel dazu entwickelte ich mit einem kostenlosen Websitebaukasten eine Website namens whatchado (amerikanischer Slang für »was machst du so?«) und stellte sie am 23. Juni 2011 mit den ersten 17 Videos online. Es waren Videos, auf denen ein Journalist, ein Tänzer, ein ehemaliger Profifußballer, ein Unternehmensgründer, eine Lehrerin, ein Unternehmensberater und noch einige andere Menschen Einblick in ihren Job und ihren Werdegang gaben.

Die Qualität der Videos war grausig und ich ein Amateur, der froh war, wenn er die Kamera gerade halten konnte. Doch ich hatte Spaß und konnte endlich eine Idee in die Tat umsetzen, die mich seit meiner Jugend begleitet hatte.

Noch erfüllender war, dass ich damit ein Problem lösen konnte, das ich als Junge selbst gehabt hatte. Cool war, dass sich dutzende Freiwillige fanden, die an dem Projekt mitarbeiten wollten, weil sie sich so etwas auch gewünscht hatten, als sie klein waren.

Watchado

Zum Zeitpunkt der Entstehung dieses Buch hat whatchado über 7000 Videos online und über 30 MitarbeiterInnen, die ein echtes Gehalt bekommen. Die Plattform wird von Millionen Jugendlichen besucht, die sich darauf Videos über verschiedenste Berufe ansehen.

Während wir anfangs noch von Experten aus dem Bereich Berufsorientierung und Arbeitsvermittlung belächelt worden waren, sammelten wir im Laufe der Jahre über 20 Awards – alle vergeben von Expertengremien wohlgemerkt.

Unser Motto war von Tag eins: Every story counts.

Neben Prominenten wie zum Beispiel der Affenforscherin Jane Goodall, dem Friedensnobelpreisträger Muhammad Yunus, dem Fußballer David Alaba oder dem Philosophen Richard David Precht sind es gerade die Geschichten der Helden des Alltags, von denen man auf whatchado am meisten lernen kann: LehrerInnen, PolizistInnen, Azubis, ÄrztInnen oder MitarbeiterInnen von Rettungs- oder Pflegediensten, welche uns erzählen, warum sie ihren Weg gegangen sind. Uns ging und geht es darum, quer durch die Berufswelt zu interviewen.

Es überrascht mich selbst, dass sich whatchado zu einem Unternehmen entwickelt hat, das mittlerweile über 300 Kunden hilft, sich als Arbeitgeber bei den suchenden Jugendlichen zu positionieren – mittels Videos von ihren eigenen Mitarbeitern, die auf diesem Weg den Jobsuchenden eine hilfreiche Orientierung im Jobdschungel geben.

Egal ob kleine Unternehmen oder globale Konzerne, sie alle bekommen die Chance, ihre Mitarbeiter sprechen zu lassen. Wenn wir das Gefühl haben, dass jemand die Fragen nicht authentisch beantwortet, brechen wir das Interview ab und pochen darauf, dass es kein Werbevideo werden darf, sondern einen authentischen Einblick geben muss. Was die ersten zwei Jahre ein Kampf war, ist nun zu unserem Markenzeichen geworden: die Plattform, die zuerst die Menschen und dann erst die Marken sprechen lässt.

Es hat nur wenige Jahre gedauert, bis unser kleines Start-up profitabel wurde. Heute machen wir damit Millionenumsätze.

Tausche Sinnhaftigkeit gegen das gemachte Nest

Ehe ich mich's versah, war ich nun also vom Lehrer, der in seiner Freizeit eine Kindheitsidee umsetzt, zum Gründer eines Start-ups mutiert und fand mich plötzlich in einer Rolle wieder, die ich immer hatte vermeiden wollen: der des Managers, der nur verwaltet und nicht mehr gestaltet. Ich merkte, wie ich zunehmend den Bezug zur Basis verlor.

Es war sehr schön zu sehen, wie sich die eigene Idee entfaltete, doch mit der Zeit wurde mein Job immer mehr zu dem eines Administrators, der darauf achten musste, dass die Geschäfte gut laufen.

Dass wir ein richtiges Unternehmen geworden waren, war unfassbar toll, doch anstatt mir in Excel-Tabellen anzusehen, wo wir etwas optimieren könnten, wollte ich lieber wieder in Ruhe über die Geschichten der Menschen nachdenken.

Gott sei Dank gab es bei whatchado Leute, die den Job vor dem Computer und in Meetings verdammt gern und vor allem besser machten als ich. Als whatchado profitabel geworden war und ich mein Baby in Sicherheit wusste, übergab ich das Management daher an meine Nachfolger. Nun hatte ich Zeit, mich um neue Aufgaben zu kümmern, bei denen ich viel besser wieder an meinem Wofür arbeiten konnte, das da lautet: Eine Welt erschaffen, in der jeder Mensch – unabhängig von Alter, Geschlecht, Religion, Herkunft, Hautfarbe, geistigen und körperlichen Fähigkeiten oder sexueller Orientierung – die Möglichkeit haben soll, zu entdecken, was im Leben möglich ist.

Mein Wofür, die Vision meines Lebens, ist eigentlich ein Ergebnis meiner Lebensgeschichte. Als Kind hatte ich mich, ganz den Worten meiner Lehrerin entsprechend, oft als »Fehler im System« gefühlt und mir immer eine Welt gewünscht, in der es egal ist, woher man kommt – ich hatte einfach nur dieselben Chancen haben wollen wie Kinder aus privilegierten Familien.

Es gibt keine »Problemkinder«. Nur Kinder, die das Gefühl haben, nicht gut genug zu sein.

Ich habe in meinem Leben immer wieder die interessante Erfahrung gemacht, dass erfolgreiche und glückliche Menschen immer zu dem Erwachsenen wurden, der zu werden sie sich als Kind gewünscht haben.

WAS ICH HEUTE MACHE

Wenn ich mal nicht weiterweiß, stelle ich mir drei Fragen, mit deren ich meine Zukunft plane:

◇ Was ist mein Wofür (also was leitet mich bei meiner Suche)?
◇ Was will ich machen?
◇ Wie will ich das machen?

Auch nach meiner Zeit bei whatchado stellte ich mir diese drei Fragen. Da ich mein Wofür bereits kannte, konnte ich mich auf das Was und das Wie konzentrieren.

Ich hatte erkannt, dass es mir große Freude bereitete, meine Erfahrungen und mein Wissen an andere Menschen weiterzugeben, und wusste, dass ich dies am liebsten tat, wenn ich mit Jugendlichen und Erwachsenen direkt direkt unterhielt – also in persönlichen Begegnungen. Und genau das ist ist heutzutage mein Job. Du ahnst vielleicht, wie glücklich mich das macht.

Ich halte jährlich über 150 Vorträge auf der ganzen Welt und helfe Menschen, sich für die globale Transformation am Arbeitsmarkt fit zu machen. Ich werde immer dann geholt, wenn große Veränderungen in Unternehmen und Organisationen anstehen und die beteiligten Personen nicht wissen, wie sie damit umgehen sollen, oder befürchten, dass sie nicht »ready« sind. Wenn es ihnen also ein bisschen so geht wie mir am Anfang meiner Reise.

Wenn ich eines durch die vielen Interviews bei whatchado gelernt habe, dann, dass die Menschen am glücklichsten sind, die sich ständig weiterentwickeln und sich nicht auf ihren Erfolgen ausruhen.

Die Hälfte meiner Zeit bin ich bei Mitarbeitern oder auch Führungskräften, die sich in einem Veränderungsprozess befinden, die andere Hälfte verbringe ich bei Jugendlichen in Schulen, um sie auf ihre Zukunft vorzubereiten. Größtenteils werde ich in sogenannte Brennpunktschulen geholt, um mit den »Problemfällen« zu arbeiten.

Allerdings habe ich in meinem ganzen Leben noch nie ein »Problemkind« gesehen, sondern maximal Kids, die das Gefühl haben, nicht gut genug zu sein. Mit diesen Kindern mache ich dasselbe wie mit den Erwachsenen: Ich erinnere sie durch Motivationsvorträge, Coachings und Seminare daran, wer sie sind, was in ihnen steckt, und helfe ihnen, die Reise zu meistern, die sie zu ihrem persönlichen Erfolg führt.

Mittlerweile habe ich vor über 400 000 Menschen in Europa gesprochen, 90 000 davon Jugendliche. Und immer wieder staune ich, was Jahre später aus all diesen Menschen geworden ist.

Und ja, ich staune auch, was aus mir selbst geworden ist. Erinnerst du dich noch daran, dass ich dir erzählt habe, wie ich als stotterndes Kind den Wunsch hatte, der größte Lehrer der Welt zu werden? Ich hatte riesige Angst, vor Menschen zu sprechen, doch ich wünschte mir nichts sehnlicher, als eines Tages meine Stimme problemlos nutzen zu können. Nun ist es so gekommen und meine Stimme ist heutzutage tatsächlich mein wichtigstes Arbeitsmittel.

Erfolg ist die wunderbare Verpackung aller Narben.

Richtig verrückt wurde es, als die Europäische Union mich für meine Arbeit zum EU-Jugendbotschafter auf Lebenszeit ernannte – das war echt crazy, zumal ich nie gedacht hätte, mit meiner Lebensgeschichte jemals mit den Politikern der EU auf Augenhöhe über die Zukunft Europas diskutieren zu dürfen.

Nutze deine Erfahrungen und gib sie weiter

Um mein Wissen auch auf anderen Ebenen weiterzugeben, begann ich 2018 für das renommierte Zukunftsinstitut in Frankfurt und Wien als Trendforscher zu arbeiten und übernahm 2019 in der Akademie für Potentialentfaltung meines Mentors Dr. Gerald Hüther die Leitung für den Bereich »Bildung und Persönlichkeitsentwicklung«.

Wenn du erst einmal dein Wofür gefunden hast und dafür brennst, kannst du diese Leidenschaft auch an anderer weitergeben.

Aktuell arbeite ich an einer Schule, in der Menschen all das lernen, was sie niemals in der Schule gelernt haben – also Dinge, die uns fit machen, unsere Stärken zu leben. Das wird keine Schule für Kids, sondern für alle Generationen, die sich den großen Fragen einer sich verändernden Welt stellen müssen. Und keine Angst, es wird keine klassische Schule mit Klassenzimmern und Stundenplänen – es wird viel zeitgemäßer, individueller, und unterstützt die Idee des lebenslangen Lernens.

Doch darum geht es in diesem Buch nicht, ich erwähne das nur, damit du ein besseres Bild davon bekommst, woher ich komme, auf welche Erfahrungen ich zurückblicke und womit ich mich heute so beschäftige.

Was ich immer schon gemacht habe und auch heute tue, ist, der Frage nachzugehen, warum Menschen tun, was sie tun. Und hier geht es nun darum, was *du* gern tun willst. Es geht um dich, um deine Zukunft und vor allem darum, was du wirklich aus deinem Leben machen möchtest.

IMPULS: Was wolltest du werden als Kind?

Nimm ein Blatt Papier und schreib dir auf, was du als Kind werden wolltest, wenn du mal groß bist. Wenn es dir nicht gleich einfällt, greif zum Telefon und rufe jemanden an, der dein Aufwachsen begleitet hat – Eltern, Tanten, Onkel, Geschwister, Kindheitsfreunde –, und frag diese Person, was du als Kind machen wolltest. Manchmal können sich Lebensbegleiter besser daran erinnern als wir selbst. Wunder dich nicht, falls es mehr als nur eine Sache ist. Schreib auch dazu, warum du das werden wolltest. Nicht nur WAS ist wichtig, sondern auch das WARUM.

Diese Übung hilft dir, bewusst in deine Kindheit zu gehen und deinem unschuldigen Ich den Raum zu geben, den es in all den Jahren der Schule und Ausbildung niemals bekommen hat. Erfolgreiche Menschen sagen oft, dass wahrer Erfolg damit zusammenhängt, dass man seinem inneren Kind zuhört. Doch um das zu schaffen, musst du dir bewusst machen, was dieses Kind eigentlich will.

WARUM ZUM HENKER BRAUCHST DU EIN WOFÜR?

»Wer nicht in diese Welt zu passen scheint,
der ist immer nahe dran, sich selbst zu finden.«

HERMANN HESSE

Vielleicht fragst du dich, warum gerade du auf Sinnsuche bist. Bist du damit eher die Ausnahme? Es ist ja nicht üblich, dass man auf einer Party rumsteht, neue Leute kennenlernt und nach fünf Minuten über den eigenen Lebenssinn spricht – eher redet man darüber, wen man auf der Party noch kennt oder was man beruflich so macht.

Stell dir mal vor, du würdest jeden Menschen, den du kennenlernst, gleich im zweiten Satz fragen »und, was ist dein Wofür im Leben?«. Vermutlich würdest du viele irritierte Blicke ernten.

Doch auch wenn wir sie im Kreise anderer Menschen häufig nicht zum Thema machen, so ist die Suche nach dem eigenen Wofür das Natürlichste auf der Welt; sie ist Teil unseres Menschseins.

DIE SINNSUCHE ALS TEIL UNSERER MENSCHLICHEN REISE

Seit es uns Menschen gibt, hat sich unsere Spezies mit der Frage beschäftigt, woher wir kommen, wohin wir gehen und vor allem, wozu das Ganze eigentlich da ist, wenn wir das Leben doch sowieso nicht überleben?

Egal ob Philosophie, Religion oder die moderne Popkultur, sie alle haben Antworten auf die Frage, die dich antreibt, auch wenn diese unterschiedlicher nicht ausfallen könnten.

Während viele Philosophen den Menschen auf die Suche nach dem Ich losschicken, verorten die meisten Religionen die Sinnsuche beim Göttlichen. Die Popkultur wiederum schickt sich an, die Liebe als das größte Wofür unserer Existenz anzupreisen.

Die Suche nach dem Sinn ist also so alt wie die Menschheit selbst. Auch unsere Vorfahren strebten schon nach einem erfüllenden Leben, das können wir sehen, egal in welche Epoche der Weltgeschichte wir schauen.

Manche glauben, die Sinnfrage würden sich die Menschen erst seit einigen Jahrzehnten stellen, doch das stimmt nicht, sie war schon immer da.

Natürlich könnte ich dir nun auflisten, wer wann bereits der Sinnfrage nachgegangen ist, doch erstens ist das langweilig und zweitens tut es nichts zur Sache. Lieber erzähle ich dir von einer mir liebgewordenen Philosophie aus Japan, die unsere Sehnsucht nach einem erfüllenden Leben auf den Punkt bringt.

IGIKAI - DAS GEFÜHL, ETWAS ZU HABEN, FÜR DAS ES SICH LOHNT, AUFZUSTEHEN

In Japan gibt es eine Insel namens Okinawa, deren Bewohner regelmäßig über hundert Jahre alt werden. Wohlgemerkt nicht kränkelnd in Pflegestationen am Tropf, wie allzu oft bei uns in Europa, sondern bis zuletzt in guter geistiger und körperlicher Verfassung.

Hatte man gedacht, dass wir in der westlichen Welt mit unserem Wohlstand solch eine Insel in puncto Lebensqualität in die Tasche stecken, wird man bei einer Reise dorthin eines Besseren belehrt.

Die Einwohner Okinawas haben eine sehr ursprüngliche Lebensweise, so wie wir in Europa vor der Industrialisierung. Sie sind Hirten und Bauern und üben diese Berufe größtenteils noch auf sehr traditionelle Weise aus. Allerdings haben sie den Errungenschaften der modernen Welt durchaus Einlass gegeben, sodass medizinische Versorgung, fließendes Wasser, Elektrizität oder das Auto keine Fremdkörper für sie sind. Sie nutzen diese Errungenschaften, um mit etwas mehr Bequemlichkeit zu leben, haben jedoch darauf geachtet, diese Annehmlichkeiten nicht zum Herrscher über ihr Leben zu machen.

Zum Sklaven des eigenen Wohlstands geworden

In meinen Coachings rate ich Menschen manchmal dazu, einige Zeit ihren Lebensstandard runterzuschrauben, damit sie etwas Geld sparen können. Die Idee dahinter ist, dass sie dann im Anschluss genug finanziellen und zeitlichen Spielraum haben, um ihren wirklichen Interessen nachzugehen. Doch trotz dieser Aussicht bekomme ich sehr oft zu hören: »Herr Mahlodji, ich habe mir meinen Wohlstand hart erkämpft – einfach so lasse ich davon nicht ab.«

Kommt dies aus dem Mund einer Alleinerziehenden mit drei Kindern, verstehe ich das, doch ich muss gestehen, ich bin immer wieder geschockt, wenn ich so einen Satz aus dem Mund von 25- bis 35-Jährigen ohne Kinder und ohne Verpflichtungen höre.

Was die Einwohner Okinawas verstanden haben, nämlich dass sie niemals Sklave ihres

Wohlstand ist eine sehr feine Sache – solange wir uns nicht davon abhängig machen. Wer ohne nicht glücklich sein kann, bekommt unter Umständen ein Problem.

Wohlstands werden dürfen, ignorieren wir in der westlichen Welt radikal. Wohlstand ist etwas Wundervolles – glaub mir, ich weiß das sehr genau, denn ich hatte eine Jugend, in der das ein

Fremdwort war –, doch im Überfluss bringt er uns dazu, nicht mehr dankbar für das zu sein, was wir haben. Außerdem gewöhnen wir uns so sehr daran, dass uns schnell das Gefühl überkommt, kein menschenwürdiges Leben mehr führen zu können, wenn der Wohlstand mal etwas schrumpft.

Die Einwohner Okinawas sind hier sehr klug, sie lassen es erst gar nicht so weit kommen. Außerdem achten sie genau darauf, wie sie mit sich selbst umgehen. Eine falsche Körperhaltung aufgrund von stundenlangem Arbeiten vor dem PC, Fettleibigkeit dank Fastfood und industriell verarbeiteten Lebensmitteln gibt es bei ihnen nicht.

Die Ungewissheit aushalten lernen

Es gibt jedoch noch etwas anderes, das die Bewohner der Insel vereint und von uns im Westen abhebt – der zentrale Baustein dafür, was als ein gutes Leben angesehen wird: Sie alle folgen ihrem *Igikai*. Igikai bedeutet auf Japanisch so viel wie »der Lebenssinn, etwas, für das es sich lohnt, jeden Tag aufzustehen«. Falls die Menschen auf Okinawa ihren Igikai noch nicht kennen, liegt ihre Aufgabe darin, ihn zu finden – und wenn es ein Leben lang dauert.

Unseren Igikai nicht aus dem Auge zu verlieren – darum sollten wir uns auch in der westlichen Welt bemühen.

Während wir in der westlichen Welt auf alles jetzt und sofort eine Antwort wollen, üben sich die Inselbewohner in Geduld, da sie wissen, dass die Suche nach ihrem Sinn Teil der Reise ist.

Manchmal wünschte ich, dass ich diese Geduld mit zwanzig auch gehabt hätte. Dann wäre ich nicht so unzufrieden gewesen, weil ich meinen Weg noch nicht kannte, sondern hätte mir selbst mehr Zeit, Ruhe und Entspannung gegönnt.

Ich weiß nicht, wie es dir geht, doch ich mache die Erfahrung, dass es uns oft schwerfällt, Ungewissheit auszuhalten.

Ständig werden wir über alle Kanäle mit Informationen bespielt, ständig können wir alles jetzt und sofort haben und wenn wir nicht aufpassen, lassen wir uns von dieser Welt die Sinnsuche klauen, da sie uns sehr gut abzulenken weiß.

Wenn man lange genug abgelenkt ist und ständig eingetrichtert bekommt, dass das Leben noch reicher, noch schneller und noch besser sein kann und muss, verliert man das Gefühl, ein eigenes Wofür zu brauchen, und ersetzt es durch das Streben nach noch mehr materiellem und gesellschaftlichem Erfolg.

Es macht mich manchmal richtig traurig, wenn ich Menschen begegne, die ihr Wofür nicht kennen, weil sie ihre Aufmerksamkeit ausschließlich auf Dinge richten, die kurzfristigere Erfüllung bieten. Das sind Menschen, die sich an ein bequemes, aber unzufriedenes Leben gewöhnt haben. Bei ihnen regiert oft der Sarkasmus, sie machen sich gern über die »Träumer« und »Fantasten« lustig.

DER LUXUS, DEN DU DIR
GÖNNEN SOLLTEST

Häufig belächeln gerade solche Menschen die Sinnsuche, denen das Leben bereits alles liefert, was uns in der Gesellschaft wichtig erscheint: einen Job, der ihr Leben finanziert, eine Umgebung, die sicher ist, und ein Maß an Wohlstand, das ihnen ein angenehmes Wochenende ermöglicht.

In solch einem Umfeld davon zu sprechen, dass man nicht zufrieden ist und einen Sinn sucht, lässt sie die Sarkasmuskiste auspacken und ich kann das sogar ein wenig verstehen.

◇ »Ach, wer Visionen hat oder sucht, der gehört in die Klapse.«

◇ »Sei froh, dass du einen Job hast – den Sinn findest du am Ende des Monats auf deinem Konto.«

◇ »Dir ist bewusst, dass es Menschen gibt, die nichts zu essen haben, und du redest über die Sinnsuche – du weißt schon, dass deine Frage ein Luxusproblem ist, oder?«

Es stimmt, du bist wahrscheinlich wirklich privilegierter als 90 Prozent der Weltbevölkerung, wenn du in Europa lebst, fließendes Trinkwasser hast, in einer Demokratie wählen darfst und keine Angst vor einem Bürgerkrieg haben musst, wenn du nachts auf die Straßen gehst. Und ja, es stimmt auch, dass es sehr, sehr, sehr viele Menschen gibt, denen es nicht annähernd so gut geht wir dir.

Doch ist das ein Grund, ein schlechtes Gewissen zu haben? Ein Grund, nicht nach seinem Wofür zu suchen, weil sich andere gar nicht leisten können, darüber nachzudenken? Wohl kaum und ich bitte dich, lass dir nicht einreden, dass die Sinnsuche ein Luxusproblem sei. Sie ist ein elementarer Teil des Menschseins und das, was uns zu einem erfüllenden Leben führt.

Wenn man sich mit Menschen unterhält, die am Ende ihres Lebens stehen, hört man oft, dass sie bedauern, das Leben und dessen Möglichkeiten nicht zu schätzen gewusst und nicht wirklich ausgekostet zu haben. Ich selbst war mir lange Zeit auch nicht bewusst, wie wichtig es ist, das Leben im Hier und Jetzt zu leben und wirklich die Dinge zu tun, die mir wichtig sind. Bis Bronnie Ware in mein Leben trat…

Wenn es dich nicht zum Lachen bringt, lass die Finger davon

Ich lernte Bronnie Ware im November 2015 bei TEDx Graz kennen. Wir waren beide eingeladen worden, unsere Geschichte zu erzählen – ich die meine, die du schon kennst, und sie über ihre Erfahrungen mit sterbenden Menschen, die ihr anvertraut hatten, was sie im Rückblick auf ihr Leben bereuen.

Bronnie hatte einige Jahre als Palliativkrankenschwester gearbeitet und daraufhin das Buch »5 Dinge, die Sterbende am meisten bereuen« geschrieben – ein Weltbestseller und ein Weckruf an all die Menschen, die mehr Zeit vor dem Computer als mit ihren Liebsten verbringen.

TEDx Veranstaltungen sind global stattfindende Vortragsevents, bei denen inspirierende Redner die wichtigsten Geschichten und Erkenntnisse ihres Lebens mit der Welt teilen.

Bronnie erzählte bei ihrem Vortrag, was es wirklich ist, das Menschen bedauern, wenn sie wissen, dass sie sich auf der letzten Reise ihres Lebens befinden. Sie erzählte, wie sehr sich diese Menschen wünschen, sie hätten den Mut gehabt, ihr eigenes Leben zu leben und ihre Gefühle klar auszudrücken. Viele wünschten sich auch, nicht so viel gearbeitet und dafür mehr Zeit mit ihren Freunden verbracht zu haben. Einige hätten am liebsten die Zeit zurückgedreht, um sich selbst die Erlaubnis zu geben, glücklicher zu sein.

Alles, was sie sagte, waren Dinge, die wir wissen. Wir wissen, dass wir zu viel arbeiten und auch, dass wir zu viel Zeit mit Dingen verbringen, die uns nicht erfüllen, und unsere Lebenszeit verstreichen lassen, ohne dass wir diese gespürt hätten. Wir wissen das und trotzdem brauchen wir immer wieder Weckrufe, die uns daran erinnern, unsere 24 Stunden täglich bewusst zu nutzen.

Nach den Vorträgen spazierten wir Redner noch gemeinsam durch Graz. Bronnie und ich liefen nebeneinander und unterhielten uns. In meiner neugierigen Art wollte ich natürlich wissen, was sie aus all diesen Geschichten für ihr eigenes Leben mitgenommen hatte.

Ich dachte ehrlich gesagt, dass nun etwas Philosophisches kommen würde, und war überrascht, wie kurz, knackig und praktisch ihre Antwort war: »Weißt du, Ali, ich mache nur noch das, was ich wirklich will – ich weiß ja, dass ich es sonst später bereuen werde.« So schön ihre Antwort klang, so sehr war ich mir bewusst, wie privilegiert jemand ist, der so etwas sagen kann. Bronnie merkte wohl, was ich dachte, und ergänzte: »Es geht nicht darum, dass man jeden Tag und jede Stunde immer genau das tut, was man will, sondern darum, dass der Kern deines Tuns etwas sein sollte, was du wirklich willst – etwas, das dich erfüllt.« Sie machte mir klar, dass es viele Menschen gibt, die jeden Tag zur Arbeit gehen, sich aber niemals die Frage stellen, wie sich ihre Tätigkeit auf das Leben anderer auswirkt, während andere vielleicht keinen gut bezahlten Job haben, sich jedoch zu jeder Zeit bewusst sind, dass sie auf ihre Weise die Welt irgendwie besser machen.

Bevor wir uns verabschiedeten, erinnerte sie mich an meine eigene Story. »Ali, du hast auf der Bühne selbst erzählt, dass dein Job als Lehrer nicht gut bezahlt war, du jedoch auch an den harten Tagen wusstest, dass du damit die Zukunft von jungen Menschen veränderst. Das meine ich, wenn ich sage, dass man nur das tun sollte, was man wirklich will.«

IMPULS: Die »Must do«-Liste

Erstelle eine Liste mit fünf Dingen, die du auf keinen Fall bereuen möchtest, wenn du eines Tages spürst, dass deine Zeit auf dieser wunderbaren Erde dem Ende zugeht.

Versuche dabei so konkret wie möglich zu sein. Also anstatt zum Beispiel zu schreiben »mehr Zeit mit der Familie verbringen«, notiere dir, mit welcher Person genau du Zeit verbringen möchtest, auf welche Art und Weise und wie oft. Je konkreter deine Gedanken sind, umso leichter wird dir die Umsetzung fallen.

Tipp: Je genauer dein To-do formuliert ist, umso besser kannst du loslegen. Hast du zum Beispiel geschrieben, dass du deinen besten Freund am liebsten einmal die Woche treffen möchtest, greif jetzt gleich zum Hörer, rufe ihn an und mach ein Treffen aus. Damit auch die nächsten Treffen stattfinden, bitte ihn, dass er genauso darauf achtet, dass ihr euch regelmäßiger trefft.

Die folgende Übung dient dazu, dir jeden Tag zu zeigen, dass deine Zeit kostbar ist und du nicht weißt, wie viel davon dir noch bleibt.

Es ist wichtig, dass du die Liste, die du darin anfertigst, nicht auf die lange Bank schiebst, sondern innerhalb von 24 Stunden bei jedem deiner To-dos einen ersten Schritt setzt. Meistens ist es gut, wenn wir jemanden in unseren Plan einweihen, weil die Umsetzung dann einfacher funktioniert, also suche dir einen Freund, dem du von der Liste erzählen kanns.

WENN DANKBARKEIT EIN FREMDWORT IST

Ob du willst oder nicht, du wirst früher oder später in deinem Leben mit Menschen in Berührung kommen (oder tust es bereits), die deine Reise nicht nur belächeln, sondern richtig lächerlich machen. Ich kenne das sehr gut und will dir sagen, dass du diesen Menschen nicht böse sein darfst – sie wissen es einfach nicht besser.

Auch mir passiert es immer wieder, dass ich Leute nach ihrer Berufung oder ihrem Wofür frage und nur mitleidvolle Blicke ernte, für mich, den Träumer, den Spinner, den Weltverbesserer. Doch es gibt auch die Menschen, die zuerst zwar irritiert sind, dann aber ihrer Neugierde und Lust nachgehen und zurückfragen, was ich denn damit meine. Und dann gibt es die, die sofort wissen, wovon ich rede, und mit lachenden Augen und voller Begeisterung von von ihren Träumen und Visionen erzählen.

Diese Reaktion, ob ich belächelt oder ernst genommen werde, ist übrigens unabhängig von Alter, Geschlecht, Kultur, Religionszugehörigkeit oder Hierarchiestufe in der Arbeitswelt. Den Unterschied macht, ob die Person, deren »Wofür« mich interessiert, ihren eigenen Weg gefunden hat oder ob sie eher damit beschäftigt ist, die Träume und Erwartungen anderer zu erfüllen – also sich selbst aufzugeben.

Bevor du hier schreist »Stopp, für Familie und Kinder muss man doch auch mal sich selbst hintenanstellen und etwas aufgeben!«, sage ich: Ja, das stimmt, und diese Menschen meine ich nicht, denn echte Verantwortung im Leben bedeutet zu einem großen Teil auch, sich selbst an die Gegebenheiten anzupassen, sei es als Familienvater, junge Mutter oder Kind pflegebedürftiger Eltern und natürlich gilt das auch für alle anderen Tätigkeiten, welche unsere Zeit und unsere Aufmerksamkeit benötigen. Auch diese Aufgaben können eine große Erfüllung mit sich bringen (seit ich Vater einer kleinen Tochter bin, verstehe ich das umso besser).

Doch all das meine ich nicht, wenn ich sage, dass Menschen sich selbst aufgegeben haben und die Erwartungen anderer erfüllen, anstatt ihren eigenen Weg zu gehen.

Wen ich meine, sind die Menschen, deren Lebenswirklichkeit sie mit allem versorgt, was die Basis eines guten Lebens darstellt, und die trotzdem unzufrieden sind:

◇ unzufrieden mit ihrem Job
◇ unzufrieden mit ihrem Einkommen, obwohl sie weit mehr verdienen als der Durchschnitt der Bevölkerung
◇ unzufrieden mit dem neuen Auto, denn der Nachbar hat sich jetzt gerade ein noch größeres gekauft: »Wie kann der nur, der Schuft!«
◇ unzufrieden mit dem Laden ums Eck, weil der wieder mal nicht die Lieblingsschokolade im Sortiment hatte
◇ unzufrieden, dass es trotz dutzender Streaming-Anbieter nichts Gutes zu sehen gibt, obwohl man doch monatlich für hunderte neuer Serien bezahlt

Ja, diese Menschen meine ich, für die Dankbarkeit ein Fremdwort ist und die einfach keine Erfüllung finden in ihrem Dasein, egal wie hoch der nächste Bonus ausfällt oder wie schön der letzte Urlaub war. Menschen, denen der Vergleich mit dem Kollegen, der vielleicht ein bisschen weniger verdient, das Ego aufpoliert und ihnen das Gefühl gibt, dass dies ihren Wert als Mensch widerspiegelt.

Wenn ich mit diesen Leuten zu tun habe, dann spüre ich richtig die Leere in ihrem Tun, und wie sie ihre Unzufriedenheit verdrängen, indem sie die Statusobjekte, über die sie verfügen, betonen.

Kennst du solche Menschen auch?

◇ Menschen, mit denen du zwar wunderbar über die Arbeit oder die Karriereplanung sprechen kannst, aber nicht über sie selbst, ihre Sehnsüchte und innersten Wünsche?

◇ Menschen, die sich jedes Jahr auf den Urlaub freuen, damit sie ihre Arbeit endlich ausblenden können? Oder die montags schon das Wochenende im Kalender dick anstreichen, damit sie eine Karotte haben, die sie durch die Woche bringt?

◇ Menschen, die nicht darüber nachdenken, warum sie morgens aufstehen und wofür es sich lohnt, jeden Tag besser zu werden?

Solche Zeitgenossen hätten es bitter nötig, mal wieder von einem Kind zu lernen, was es bedeutet, echte Begeisterung für diese Welt und ihre Möglichkeiten zu empfinden. Auch ein Urlaub auf der Insel Okinawa würde ihnen guttun.

Diese Menschen mögen uns nerven, doch sie zeigen uns, dass wir uns gerade in einer Art und Weise mit der Welt auseinandersetzen, wie sie es nicht tun. So gesehen sind sie die Garantie oder der Gegencheck dafür, dass wir auf dem richtigen Weg sind. Wir sollten ihnen für ihre Andersartigkeit also dankbar sein, statt sie im Stillen oder laut zu kritisieren.

Wenn du das nächste Mal einem Menschen begegnest, auf den die obigen Punkte zutreffen, dann höre ihm eine Weile mal bewusst zu – du kannst sehr viel von ihm lernen.

Betrachte nun deine kleine Liste mit »LehrerInnnen« und sei diesen Menschen dankbar, dass sie dir zeigen, wer du nicht sein willst und dass du eine andere Sicht auf die Welt hast. Sie führen dir vor Augen, dass du dich verändern willst, und jede Veränderung löst bei denen, die Angst davor haben, Unmut und Abwehr aus. Du merkst, wie du dich nach vorne bewegst, während sie in Panik stehenbleiben.

Wir alle kennen solche Menschen, solche »Anti-Vorbilder«, sie sind Teil unseres Lebens oder sogar unseres Freundeskreises. Gerade deshalb sei wachsam – ich will nicht, dass du von deinem Weg abkommst.

Geh deinen Weg

Ich will, dass du voll und ganz, unabhängig davon, wer du bist, woher du kommst oder woran zu glaubst, deinen Weg gehst. Warum? Weil ich von deinem Potenzial überzeugt bin. Weil ich will, dass du *deinen* Fußabdruck in dieser Welt hinterlässt.

In meinem Leben habe ich viel zu viele Lebensgeschichten untersucht, als dass ich noch glauben würde, dass nicht jeder

Mensch das Zeug dazu hat, seinen eigenen Weg zu entdecken und ihn auch zu gehen. Einen Weg, auf den er eines Tages zurückblickt und weiß, dass es *sein*
Weg war. Einen Weg, der ihn zu der besten Version seiner selbst gemacht hat: dem Menschen, der er seit seiner Geburt ist und der nur darauf gewartet hat, diese Welt zu der eigenen zu machen.

> *Du kannst nur deinen eigenen Fußabdruck in der Welt hinterlassen, alle anderen Füße sind schon vergeben.*

Und so nebenbei will ich auch, dass du ein gesundes Leben führst. Ja, du hast richtig gelesen. Das Leben sinngesteuert zu führen ist nicht nur erfüllend, es ist auch besser für deine Gesundheit. Die international anerkannte Glücksforscherin Barbara Fredrickson konnte in Studien nachweisen, dass ein sinnerfülltes Leben zu positiven Emotionen führt und diese wiederum die Genetik und das Immunsystem unseres Körpers stärken, also im Endeffekt zu einem klaren Überlebensvorteil führen.

Du siehst: Nach Sinn zu streben führt nicht nur zu einem lebenswerteren Leben, es ist auch lebensverlängernd. Und günstiger als das Jahresabo deines Fitnesscenters ist es sicher auch.

GENERATION FILTERBUBBLE

»Wer zwei Hasen fängt, fängt am Ende keinen.«
UNGARISCHES SPRICHWORT

Unsere Welt ist laut geworden. Und sie ist voller Ablenkungen. Es fällt uns schwer, uns auf eine Sache zu konzentrieren, denn unsere Aufmerksamkeit ist das, worum brutal gekämpft wird. Egal ob Facebook, Instagram, ein klingelndes Handy, eine neue E-Mail auf dem Firmen-Laptop oder die aktuelle Knallerserie auf Netflix – sie alle wollen, dass wir sofort und immer hinschauen, reagieren und dranbleiben.

Während wir in meiner Jugend einfach nur einen Fernseher mit zwei Sendern hatten und ich ausschließlich dann gucken durfte, wenn es meine Eltern erlaubten, sind wir heute geprägt von einem »immer online, immer erreichbar«-Lebensstil. Ganz stark betrifft dies die Generation Y – also die nach 1981 Geborenen. Zu ihnen gehöre ich und du vielleicht auch.

Dass wir heutzutage immer und überall erreichbar sind, setzt die meisten Menschen unter Druck.

Ich kann mich noch gut erinnern. Ich war damals 15 Jahre alt, als wir unseren ersten Internetanschluss bekamen, und ich sag dir, es war Magie. Plötzlich konnte ich mit dem PC meiner Eltern, einem uralten grauen Teil mit einem riesigen Röhrenmonitor, mit Menschen am anderen Ende der Welt in Kontakt treten. Es war unfassbar toll, es war wie ein Wunder und es war vor allem eines: eine Welt ohne Grenzen. Das Internet hatte immer ein spannendes Programm, ganz im Gegensatz zum Fernseher, der mich nur dann interessierte, wenn meine zwei, drei Lieblingsserien gezeigt wurden – und das war leider viel zu selten.

Diese neue Welt war der Hammer, meine Freunde und ich konnten plötzlich auf alles Mögliche zugreifen, nicht zuletzt auf sehr viel Wissen. Wir wuchsen von Jugendlichen, die nur zu festgelegten Zeiten News oder Sendungen konsumiert hatten, zu Erwachsenen heran, die sich ihren Alltag ohne allgegenwärtiges Internet gar nicht mehr vorstellen konnten. Doch diese tolle neue Welt zeigte auch recht bald ihre Schattenseite: Sie machte uns regelrecht abhängig.

ZU HAUSE IN DER DIGITALEN WELT

Eine 2018 durchgeführte Studie der TU Wien und der Arbeiterkammer Niederösterreich zeigte auf, dass wir Menschen ungefähr 84-mal am Tag auf unser Handy starren, also ungefähr alle 13 Minuten, und das Smartphone 44-mal entsperren.

Klar, wir brauchen unsere Mobiltelefone zum Arbeiten oder um mit der Familie in Kontakt zu bleiben, doch ganz offensichtlich haben wir hier jedes Maß verloren und sind geradezu süchtig nach der digitalen Welt und ihren Ablenkungen.

Eine zweite Realität im Internet – das ist für viele Menschen mittlerweile eine Selbstverständlichkeit.

In dieser digitalen Welt erschaffen wir uns zunehmend auch neue Realitäten. War anfangs Social Media ein neuer Kommunikationskanal, so sind Instagram und Co. mittlerweile zu unserer zweiten Heimat geworden, in der wir uns so präsentieren können, wie wir wollen. Selbstdarstellung der Marke »Ich« ist das neue Investment und die Anzahl der Likes die Währung.

Schaut man sich die Topstars der Social-Media-Szene an, die sogenannten Influencer, denen Millionen Menschen folgen, so stehen diese bezeichnenderweise häufig für ein scheinbar erfülltes und sinnvolles Leben. Angereichert mit den richtigen Fotos und den passenden Filtern und Kalendersprüchen sind sie die neuen Ankerpunkte einer Generation geworden, welche den Sinn nicht mehr in den Versprechungen ihrer Eltern findet.

Ein Job auf Lebenszeit? Das war einmal

Während früher der lebenslange Job und die sichere Rente den Sinn des Daseins vorgaben, hat heutzutage schon so mancher die bittere Erfahrung gemacht, dass beides nicht mehr garantiert ist. An ihre Stelle ist eine neue Art der Unsicherheit getreten, die uns alle bewegt.

Wenn ich heute unterwegs bin und mit Menschen über die Zukunft spreche, ist diese Unsicherheit überall zu spüren. Die Welt ist im Umbruch. Das war sie zwar schon immer, doch heute erleben wir, dass viele Grundregeln, Werte und Glaubenssätze, die unsere Welt über viele Generationen hinweg bestimmt haben, nicht mehr gelten und wir nicht wissen, wohin die Reise nun geht.

Auch wenn es uns objektiv besser geht als unseren Eltern und Großeltern, sind wir dennoch nicht zufrieden. Im Gegenteil.

Gesamtgesellschaftlich gesehen geht es uns finanziell, gesundheitlich und in Bezug auf unsere Bildung zwar besser als allen Generationen vor uns und die Welt ist heute ein Disneyland der Möglichkeiten, aber dennoch haben wir das Gefühl, dass es nicht reicht, und sind unzufrieden. Woher kommt das wohl?

Wir haben die coolste Technologie in unserer Hosentasche, doch statt sie zum Wohle der Menschheit einzusetzen, vertreiben wir uns die Zeit mit Selfies und lustigen Videoclips in unserem Newsfeed.

VON UNS SELBST ENTFREMDET

Geht man in der Geschichte der Menschheit zurück, so sieht man, dass vor der Industrialisierung über 75 Prozent der Europäer Bauern waren, die jeden Tag von früh bis spät damit beschäftigt waren, durch ihrer Hände Arbeit ihren Lebensunterhalt zu sichern. Zeit, um groß über die Zukunft nachzudenken, gab es keine, sondern gezwungenermaßen ging es um das Hier und Jetzt. Was zählte, war die nächste Ernte und das Wetter, das am Morgen aufzog, weil es maßgeblichen Einfluss darauf hatte, ob man im Winter hungern würde oder nicht. Die typische Büroarbeit, die ein Großteil von uns heute ausübt – stundenlang in einem Raum vor einem Bildschirm sitzen und lediglich die Maus bewegen –, kannten die Menschen damals noch nicht. Ja, sie wären sicher fassungslos gewesen, hätte man ihnen gesagt, dass Arbeit in Zukunft so aussehen wird.

Das Ausmaß, in dem sich unsere heutige Arbeitswelt von der vor der Industrialisierung unterscheidet, ist kaum zu beschreiben.

Das tägliche Brot zu verdienen war damals etwas, bei dem man sich spürte – im guten wie im körperlich anstrengenden Sinn. Auf dem Bauernhof die Tiere zu versorgen, die Äcker für die Saat vorzubereiten und später die Ernte einzufahren – das alles waren Tätigkeiten, deren Geschichte man in den tiefen Kratern der Handinnenflächen einer Bauernfamilie nachlesen konnte. Es war harte Arbeit in einer rauen Welt. Eine hohe Kindersterblichkeit, Krankheiten, Hunger – das alles war Alltag, und er führte den Menschen ihre eigene Endlichkeit klar vor Augen.

Es war kein leichtes Leben, ganz sicher nicht, doch so anstrengend es war – es war ein Leben, in der man sich selbst und sein Schaffen spürte. Und das ist wichtiger, als man denken mag. Durch die Industrialisierung marschierten die Menschen dann in eine Welt voller Wohlstand, in der die Härte der Arbeit irgendwann nicht mehr an der Müdigkeit des Körpers abzulesen war – sondern an der Entfremdung von uns selbst.

Wo stehen wir heute?

Heute nun leben wir in einer Welt, die keine Wünsche offenlässt – unser größtes Problem ist häufig die Entscheidung, was wir im Pay-TV ansehen wollen. Zeitgleich sind wir durch unsere Mobiltelefone so direkt miteinander verbunden wie noch nie. Dennoch – oder gerade deshalb – haben viele von uns das Gefühl, nicht mehr bei sich selbst zu sein und sich selbst nicht mehr zu spüren.

Unsere Großeltern wundern sich, warum wir Verbindung zu anderen heute über ein Display und nicht am Küchentisch suchen.

Nicht nur die Beziehung zu anderen Menschen fehlt uns, sondern in erster Linie die Verbindung zu uns selbst. Wer sind wir wirklich, was macht uns aus? Das, was in unserem Lebenslauf steht, das, was unser Social-Media-Profil von uns preisgibt, oder eher das, was wir auf einer Party fremden Menschen über uns selbst erzählen? Wer kennt uns? Unsere Familie? Unsere Freunde? Wir selbst?

Wir haben ständig das Gefühl, nicht angekommen zu sein. Die FOMO (»*Fear of missing out*«), die Angst, etwas zu verpassen, hat viele von uns befallen. Immer online, immer unterwegs, ständig sich selbst optimierend, doch selten dankbar für das Erreichte.

Eine Studie der Techniker Krankenkasse zeigte auf, dass stressbedingte Krankschreibungen in Deutschland zunehmen und dass sich die Zahl der verordneten Antidepressiva im Laufe der letzten zehn Jahre verdoppelt hat.

Es gab eine Zeit, da war ein Burn-out das Zeichen für Aufopferung am Arbeitsplatz, die wir bewunderten. Es stand für jemanden, der sich ins Zeug legt und es vielleicht etwas übertrieben hat. Heute wissen wir, dass diese Krankheit ein Sinnbild dafür ist, dass immer mehr Menschen ihr Verständnis von Leben, von Sinn und Dasein hinterfragen und die Antworten nicht mehr in der klassischen Arbeitswelt finden – einer Welt, in welcher der Erfolg und die eigene Daseinsberechtigung ganz eng an den Jobtitel und die Stufe der Hierarchie im Unternehmen gekoppelt ist.

Vielleicht liest du dieses Buch, weil auch du spürst, dass es »da draußen« mehr geben muss. Mehr als die Höhe deines Gehalts, mehr als das Erklimmen der Karriereleiter und mehr als einen Job, der das Licht der Öffentlichkeit auf dich scheinen lässt, deine innere Sehnsucht aber nicht erfüllen kann.

Du bist wahrscheinlich umgeben von Menschen, die alles jetzt und sofort haben möchten – vielleicht kennst du das auch von dir. Doch ich bitte dich, sei nicht zu hart zu dir selbst oder zu den Menschen, auf die diese Beschreibung zutrifft. Jede Generation ist immer das Ergebnis der Welt, in die sie hineingeboren wurde.

DIE WOHLSTANDSLÜGE

Als ich in der Schule war, hörte ich von meinen Lehrern ständig, dass ich mir, wenn ich mal eine sichere Ausbildung hätte, keine Sorgen mehr zu machen bräuchte. Ich würde nach der Schule zu einem soliden Unternehmen gehen, am besten zu einem Konzern, und da könne ich dann bis zur Rente bleiben. Vorausgesetzt, ich würde tun, was man mir sagt. Und wenn es gut laufe, könne ich dort sogar eines Tages der Chef sein. Danach würde ich mit der Rente belohnt und könne dann beginnen, mein Leben zu genießen.

Der sichere Job? Dieses Versprechen gehört der Vergangenheit an.

Was damals vielleicht eine schöne Vorstellung war, treibt den heutigen Arbeitnehmern den Angstschweiß ins Gesicht. Mittlerweile hat sich nämlich herumgesprochen, dass es den lebenslang sicheren Job nicht mehr gibt. Spätestens in der Finanzkrise sind viele Menschen vom Leben enttäuscht worden. Auch wenn mir die individuellen Schicksale natürlich leidtun, kann ich nur sagen, dass diese Enttäuschung das Beste war, was uns passieren konnte – denn jede Ent-täuschung ist das Ende einer Täuschung.

Wie schon erwähnt, gab es in Europa vor der Industrialisierung in erster Linie Bauern, also Menschen, die den Wechselfällen des Lebens und der Natur machtlos ausgeliefert waren. So hart diese Zeit war, hatte sie doch insofern auch ihr Gutes, als dass die Menschen es gewohnt waren, die Unsicherheit als Teil ihres Lebens anzusehen.

Zu Zeiten der Industrialisierung entstand auch der Job des Managers – eine Ableitung des Wortes »Manege« aus dem Zirkus –, der sicherstellte, dass die Arbeiter das taten, was von ihnen gefordert wurde.

Durch die Industrialisierung mit dem Versprechen des lebenslangen Jobs und der sicheren Rente wurde ihnen dann signalisiert, dass sie sich in Sicherheit wägen könnten, solange sie als Arbeitnehmer loyal seien. Es war die Zeit, an der man am Fabriktor seine Individualität gegen das Versprechen auf einen festen Lohn eintauschte.

Genau diese Denke ist dafür verantwortlich, dass wir heute Unsicherheit spüren, wenn wir sehen, dass es eine Jobgarantie nicht mehr gibt. Statt einem Job, den wir ein Leben lang ausüben, haben wir heute zwischen Schulende und Rentenbeginn mindestens zehn Anstellungsverhältnisse. Mindestens. Also ein Jobwechsel alle drei bis fünf Jahre.

Vor zwanzig Jahren hätte man jemanden, der alle drei Jahre seinen Job wechselt, als Jobhopper bezeichnet und zum Teufel gejagt. Wenn heute jemand nach drei bis fünf Jahren den Job wechselt, so nennen wir das »Weiterentwicklung«. Sitzt heute jemand über zehn Jahre im selben Job am selben Platz, so fragen wir uns, ob diese Person denn nirgends anders unterkommt.

Ja, die Symbole für Beständigkeit haben sich verändert und das betrifft nicht nur die Arbeitswelt, sondern auch die Zeit danach. Ich bekam als Kind noch eingetrichtert, dass die Rente das große Ziel meiner Reise ist. Heute gehen wir zwar davon aus, dass wir noch eine Rente bekommen, doch sicher nicht mehr die Rente, von der die Großelterngeneration uns vorschwärmte – zumindest ist dies das Gefühl in der Gesellschaft und das macht den Menschen Angst.

Es gibt zwar immer noch Berufe mit relativer Jobsicherheit, wie etwa den öffentlichen Bereich, doch diese gehören immer mehr zu den Exoten am Arbeitsmarkt.

Was wir heute erleben, ist, dass die Sicherheitsmechanismen der alten Welt – der lebenslange Job beim sicheren Arbeitgeber und die tolle Rente – nicht mehr existieren und wir den Fokus von der Sicherheit im Außen (»Arbeitgeber und Staat kümmern sich um mich«) auf die Sicherheit in uns legen müssen.

DIE SICHERHEIT IN UNS

»Wer sich seiner Stärke bewusst ist,
braucht sich nicht immer stark zu machen.«

ERNST FERSTL

Der berühmte österreichische Psychiater Viktor Frankl, der während des Zweiten Weltkriegs vier verschiedene Konzentrationslager, darunter Auschwitz, überlebte, begründete seinen Überlebenswillen in dieser Phase der Krise und Unsicherheit mit einem Zitat von Nietzsche: »Wer ein Warum zu leben hat, erträgt fast jedes Wie.«

Berühmt wurde Frankl durch die von ihm entwickelte Logotherapie und Existenzanalyse, mittels der er Menschen dabei half, ein selbstgestaltetes und eigenverantwortliches Leben zu führen. Kern seiner Forschungen war jedoch die Annahme, dass der Mensch ein sinngetriebenes Wesen ist, dessen Wofür den Antrieb seines Tuns darstellt. Während seiner Zeit im KZ hatte Frankl gut beobachten können, was es ist, das Menschen in Krisenzeiten durchhalten lässt.

Viktor Frankls »... trotzdem Ja zum Leben sagen: Ein Psychologe erlebt das Konzentrationslager« ist ein Buch, wie es kein zweites gibt.

Menschen, die mit dem Sicherheitsversprechen und Grundannahmen der alten Welt aufgewachsen sind und nun durch die Finanzkrise und ihre Ausuferungen erlebt haben, dass diese Sicherheiten nicht mehr gelten, sind häufig in einer Sinnkrise: Wozu soll ich mir den Stress der Arbeit antun, wenn mein Job im Gegenzug trotzdem nicht sicher ist? Besonders häufig stellen sich jene diese Frage, die keine Erfüllung in ihrem Job finden und ihn nur der Sicherheit wegen weiter tun.

Die größere Sache

Aus der Psychotherapie weiß man, dass Menschen in Sinnkrisen fallen, wenn sich die Fundamente ihrer Lebenswelt radikal verändern und ihnen das Gefühl für Stabilität abhandenkommt. Hier kommt dann das Wofür ins Spiel – der höhere Sinn, der einen durch das Tal der Krisen trägt, wenn das vermeintlich Verlässliche (der lebenslang loyale Arbeitgeber, die sichere Rente) wegfällt. Wenn man mit Menschen spricht, die Krisen gemeistert haben, und sie bittet, zu benennen, was ihnen geholfen hat, nicht aufzugeben, so ist das zumeist der Dienst an einer größeren Sache.

◇ die Mutter, die wusste, dass sie nach dem Tod ihres
    Mannes weitermachen muss, damit es ihren drei Kindern
    einmal bessergeht
◇ Marcel, ein guter Freund von mir, der als Firmenchef eines
    IT-Unternehmens nicht aufgab und sein eigenes Gehalt
    strich, damit keiner seiner Mitarbeiter in der Finanzkrise
    den Job verlor
◇ ein Lehrer aus Bremen, der in einer Brennpunktschule
    unterrichtet, weil er weiß, dass die Jugendlichen ihn
    brauchen, weil bisher alle sie fallengelassen hatten

All diese Beispiele von Menschen, die ich selbst kennenlernen durfte, unterscheiden sich in ihrer Kraft und ihrer Stärke um nichts von Menschen, die aufgrund ihres Lebenssinns die Welt verändert haben:

◇ Mahatma Gandhi, der ein ganzes Land friedvoll führte
◇ Rosa Parks, die sich als erste Afroamerikanerin weigerte,
    im Autobus ihren Platz für Weiße zu räumen
◇ oder Martin Luther King, der mit seiner berühmten
    »I have a Dream«-Rede die Menschen auf die Zukunft
    einschwor

Was Menschen dazu bringt, große Leistungen zu vollbringen und über sich hinauszuwachsen, ist oftmals die Vision von einer besseren Welt, in der sie leben wollen. Das kann eine Vision der gesamten Welt sein oder vom eigenen Umfeld oder von einem Teilbereich des Lebens, der einem selbst wichtig ist.

Die USA als gutes Beispiel

Auch wenn wir heutzutage gerne den Kopf über die USA schütteln, dürfen wir nicht vergessen, dass dieses Land seine großen Errungenschaften den Visionen seiner Einwohner verdankt. Das Fundament der USA war jahrhundertelang die von allen geteilte Überzeugung, dass es jeder vom Tellerwäscher zum Millionär schaffen kann, sofern er willens ist, alles dafür zu tun. So war man als Einzelperson bereit, sehr viel auf sich zu nehmen und sich voll reinzuhängen, weil man wusste, dass die Chance da war, ganz groß zu werden. Und genug Beispiele in der Geschichte dieses Landes zeigen uns, dass der »American Dream« ja tatsächlich für viele, viele Menschen wahr geworden ist.

VISION DER EIGENEN ZUKUNFT

Eine Vision der eigenen Zukunft kann Berge versetzen und uns dazu bringen, uns als Teil eines größeren Ganzen zu verstehen. Eines großen Ganzen, bei dem es nicht nur um uns geht, sondern darum, die ganze Welt oder unser Umfeld besser zu machen. Das kann uns ungeahnte Kraft und Energie verleihen.

Wenn wir Menschen wissen, warum wir tun, was wir tun, achten wir auch am Arbeitsplatz nicht mehr auf die Uhrzeit. Wir lassen den Stift nicht um 17 Uhr fallen, weil wir laut Vereinbarung Feierabend haben. Nein, wir gehen die Extrameile, wir bringen uns ein und wir bleiben so lange, bis wir das geschafft haben, was wir tun wollten.

Das ist einer der Gründe, warum Non-Profit-Unternehmen und Start-ups in den letzten Jahren regelrecht gestürmt wurden. Beides sind zwar Orte, an denen mal viel arbeitet und wenig verdient, jedoch zu jedem Zeitpunkt hat man dort das Gefühl, Teil einer großen gemeinsamen Reise zu sein. Egal, wie hart die Tage sind, es gibt ein Wofür, wegen dem man selbst mit den Kollegen jeden Tag zusammenkommt und an einem Strang zieht. Dieses Gefühl ist für sehr viele Menschen erfüllender als der dicke Kontoauszug am Ende des Monats.

Mein Freund Michael

Michael Bauer, ein guter Freund von mir, kündigte kürzlich seinen gut dotierten Job in der PR-Abteilung eines globalen Kosmetikkonzerns, um bei einer NGO (Nichtregierungsorganisation) mit Schwerpunkt Menschenrechte für die Hälfte seines bisherigen Gehaltes zu arbeiten.

Er hatte seinen 32. Geburtstag mit Freunden in Italien verbracht. Es war das erste Mal, dass er länger als drei Wochen der Arbeit fernblieb. Als er die Reise buchte, kamen ihm drei Wochen viel zu lang vor. Doch diese längere Pause machte etwas mit ihm; sie brachte ihn dazu, sein bisheriges Leben infrage zu stellen. Ab der zweiten Woche merkte Michael, dass er in sein altes Leben nicht mehr zurückgehen wollte, weil er einfach nicht wusste, wofür er das Ganze eigentlich tat. Ohne den beruflichen Alltagstrubel um sich herum hatte er erkannt, dass er das, was er tat – überteuerte Kosmetikartikel an Menschen verkaufen, die damit ihr Selbstwertgefühl aufbessern wollten – nicht mehr vor sich selbst rechtfertigen konnte. Er hatte ein gutes Einkommen, ein schönes Büro in Frankfurt und die Aussicht auf eine Leitungsposition.

Wenige Tage vor seiner Heimkehr rief er mich aus dem Urlaub an und fragte mich, ob es normal sei, dass er einfach keinen Sinn mehr darin sähe, dort zu arbeiten. Michael wusste nicht, warum er das tat und wie das, was er tat, auch nur einem Menschen wirklich helfen könnte.

Nachdem Michael und ich länger telefoniert hatten, empfahl ich ihm, eine Nacht darüber zu schlafen und am nächsten Morgen nach dem Aufwachen ganz genau darauf zu achten, wie er sich fühlte, wenn er daran dachte, dass er bald wieder im Job war. Würde er sich freuen oder wollte er eigentlich schon wieder Urlaub bei der Vorstellung daran?

Während wir uns verabschiedeten, wusste ich bereits die Antwort – und Michael wahrscheinlich auch. Noch aus dem Urlaub heraus schrieb er seiner Chefin eine E-Mail, in der er seine Gedanken erklärte und kündigte.

Viel Verantwortung, viele Stunden Arbeit und 50 Prozent weniger Geld. »Warum zum Henker tut man das?«, würden Verfechter der alten Arbeitsphilosophie vielleicht fragen.

Mein Freund Michael wagte den Sprung in seinen neuen Job bei einer Nichtregierungsorganisation, um am Ende des Tages zu wissen, dass er etwas Sinnvolles getan hatte. Er war bereit, den Preis zu bezahlen, den es dafür brauchte. (Und falls du dich das jetzt fragen solltest – er hat es bis heute nicht bereut, im Gegenteil.)

IMPULS: Deine Gefühle deiner Arbeit gegenüber

Nimm dir Zeit und notiere dir, welche Gefühle du in den letzten vier Arbeitswochen hattest, wenn du morgens nach dem Aufwachen an die anstehende Arbeit gedacht hast.

Es geht nicht darum, ob die Gefühle angenehm oder unangenehm waren, sondern darum, dass du sie bewusst reflektierst. Stichworte reichen.

Wir Menschen können sehr viel Frust aushalten. Das ist auch gut so, sonst würden Eltern die Betreuung ihres schreienden Babys keine 24 Stunden ertragen. Doch bei der Arbeit verbringen wir häufig noch viel mehr Zeit als zu Hause bei unserer Familie, daher geht es mir darum, dass du dich fragst, ob deine Arbeit dir Energie abzieht oder ob du deinem Job gern nachgehst.

Da du dieses Buch liest, ist es sehr wahrscheinlich, dass dich dein Job – wenn du einen hast – nicht ganz erfüllt, doch das heißt nicht, dass du ihn sofort kündigen musst wie mein Kumpel Michael. Manchmal können wir unser Wofür, wenn wir es gefunden haben, auch außerhalb unserer Arbeit leben und das ist gut so.

Es muss übrigens nicht zwingend unser Job sein, der uns das Gefühl eines sinnerfüllten Lebens vermittelt. Viele Menschen finden ihre Erfüllung auch in der Freizeit.

Daher betrachte nochmals die Gefühle, die du dir aufgeschrieben hast, und frag dich, ob du die nächsten sechs Monate damit aufwachen möchtest, und falls nicht, was du realistisch tun kannst, damit die Gedanken an die Arbeit dir Energie schenken und nicht rauben. Es geht hier darum, dass du dir endlich Zeit nimmst, über diese Dinge nachzudenken. Die Betonung liegt wirklich auf Zeit, also nimm dir ruhig einige Tage dafür.

Wie der Verweis auf Viktor Frankl zeigt, brauchen wir Menschen einen Leuchtturm, der uns als Wegweiser durch die Zeit der Unsicherheit geleitet, wenn wir nicht in eine Sinnkrise oder ein Burnout schlittern wollen. Umgesetzt auf unser Leben heißt das, wir brauchen einen Sinn, ein Wofür oder ein Warum. Egal, welche Bezeichnung man verwendet, es geht darum, sich im Leben zu etwas berufen zu fühlen, um nicht unterzugehen, wenn die Welt um uns keine Sicherheit mehr bietet.

UMARME DIE UNSICHERHEIT

Du wirst dich vielleicht wundern, warum die Sinnfrage erst in letzter Zeit für dich so wichtig geworden ist, obwohl das Wofür für einige Menschen doch schon lange Zeit zuvor relevant war.

Nun, wenn man in einer Welt aufwächst, wo das Wofür des Lebens bereits durch den sicheren Job, die Aussicht auf den tollen Firmenwagen und das Aufsteigen in der Hierarchie bis zur wohlverdienten Rente scheinbar beantwortet ist, läuft man Gefahr, dass man die innere Stimme, die sich zu anderem berufen fühlt, nicht hört. Sie geht unter. Fallen all diese Sicherheiten dann aber plötzlich weg, entsteht eine innere Leere. Und in dieser Leere wird die Stimme plötzlich wieder hörbar.

Wenn auf die Sicherheit im Außen kein Verlass ist, müssen wir erkennen, wer wir sind, wo unsere Potenziale und Lernfelder liegen und was es ist, das uns auch in unsicheren Zeiten antreibt und uns Freude, Energie und Hoffnung gibt. Erst wenn wir unser Wofür kennen und auch leben, trotzen wir den Veränderungen im Außen – egal wie hart, plötzlich oder schwerwiegend diese sein mögen.

Wir leben in einer Zeit, in der wir uns nicht mehr an die herkömmlichen Regeln der Arbeitswelt halten müssen, wenn wir das Gefühl haben, dass wir lieber gestalten möchten, anstatt gestaltet zu werden.

Die Unsicherheit zu umarmen und dem eigenen Wofür zu folgen hilft uns, uns mental auf die Zukunft vorzubereiten. Studien des World Economic Forums zeigen, dass ungefähr 65 Prozent der Jobs, die in den nächsten sieben bis neun Jahren entstehen werden, heute noch nicht existieren.

Was manch einem Angst macht, ist für die Menschen, die bisher mit angezogener Handbremse gefahren sind, eine hervorragende Aussicht, weil sie wissen, dass sie umgeben sind von den unglaublichsten Möglichkeiten, und sich endlich trauen, ihren Weg zu gehen.

Du musst dir immer wieder klarmachen, dass die Suche nach deinem Wofür kein Luxusproblem ist, sondern die Garantie dafür sein wird, dass es Leuchttürme in unserer Gesellschaft gibt, die in dieser vermeintlich unsicherer werdenden Welt aufzeigen, welche Möglichkeiten und Chancen sich der Menschheit bieten.

Wer seinem Wofür folgt und daran arbeitet, es zu leben, der ist ein Vorbild. Ein Vorbild für all diejenigen, die mit den Glaubenssätzen der alten Welt aufgewachsen sind und nun versuchen, sich davon zu befreien.

Es gibt immer mehr »Fehler im System«, die deutlich machen, dass auch die Arbeitswelt so weit ist, Menschen als Subjekte in den Blick zu nehmen, statt nur auf ihren Lebenslauf zu gucken. Und die, die diese Tatsache ignorieren und noch immer der herkömmlichen Arbeitswelt anhängen, wirken fast, als säßen sie mit einem Glas Champagner in der Hand auf der Titanic, während sie mit hohem Tempo auf den Eisberg der neuen Generation von Machern und Sinnsuchenden zusteuern.

Ja, die Welt hat sich verändert und wir alle sind aufgefordert, unser individuelles Potenzial zu nutzen, um zu gestalten und um etwas zu hinterlassen, auf das wir mit einem Lächeln zurückblicken können.

Wie soll sich die Welt an uns erinnern? Diese Frage sollten wir uns ruhig hin und wieder stellen.

Die Realität ist, dass niemand von uns in 100 Jahren noch existieren wird, und die große Frage, die wir uns zu beantworten haben, lautet: Wie wird man sich an uns erinnern?

Wird man darüber sprechen, wie viel Geld wir verdient haben oder welches tolle Haus, welchen schnellen Wagen wir hatten, oder wird man darüber reden, welches Gefühl wir bei anderen hinterlassen haben? Ob sie sich in unserer Gegenwart entspannen konnten. Ob wir ihnen ein Gefühl des Angenommenseins gegeben haben. Ob wir sie inspiriert oder zum Lachen gebracht haben. Das Schöne ist, dass die Entscheidung, welches Leben wir leben möchten, ganz bei uns selbst liegt.

Es ist wichtig, dass wir uns diesen Umstand immer wieder klarmachen und regelmäßig Zeit darauf verwenden, zu überlegen, was uns eigentlich wichtig ist im Leben.

Im Trubel des Alltags geht diese Frage nur allzu leicht unter, deshalb rate ich dir, dir regelmäßig bewusste kleine oder größere Auszeiten in dein Leben einzubauen, in denen du dich in aller Ruhe mit diesen Dinge auseinandersetzen kannst. Vielleicht machst du das ab und an auch gemeinsam mit deinem besten Freund, deinem Partner oder deiner besten Freundin – sich mit jemandem, der einem wichtig ist und dem man vertraut, darüber auszutauschen, kann sehr hilfreich und inspirierend sein.

Willkommen in der besten aller Welten, in der es nur auf eine Sache ankommt: Selbstverantwortung für alles, was wir tun.

DEINE REISE ZU DIR SELBST

Schnapp dir ein Blatt Papier
und einen Stift und zeichne ein Haus,
gerade so, wie es dir in den Sinn kommt.
Nimm dir ruhig Zeit und schmücke es aus,
wenn du magst, gerne auch mit einer
Landschaft drumherum. Du kannst es aber auch
nur schnell skizzieren, das reicht auch.
Blätter erst um, wenn du fertig bist.

BASTIAN UND SEIN
GROSSER LEHRER EMIL

*»Es gibt keinen, der nicht in irgendetwas
der Lehrer des anderen sein könnte.«*
BALTASAR GRACIAN Y MORALES

Ich bin jetzt in einem Alter, in dem so ziemlich alle meine Freunde Kinder haben beziehungsweise laut über das Thema nachdenken oder gerade »am Probieren« sind – ja, so nennen sie das wirklich.

Einer meiner Kumpels, Bastian, ist Journalist und ein Freigeist, wie er im Buche steht. Immer etwas verwirrt, sehr belesen und wenn er etwas macht, dann ist seine Leidenschaft dabei meilenweit zu spüren. Eine echte Künstlernatur.

Bastian hat einen Sohn, Emil, einen aufgeweckten, sonnigen kleinen Mann. Emil hat, so wie wohl viele Kinder, schon recht früh begonnen zu malen und zu zeichnen.

Kinder sind in ihrer Fantasie noch viel freier als Erwachsene. Das zeigt sich auch in ihren Bildern und Zeichnungen.

Du kennst das sicher, Kinder wollen alles anfassen und ausprobieren und wenn sie malen, dann toben sie sich mit den Stiften so richtig aus. Und Kids malen die Welt immer mit ihren eigenen Augen, da können Kühe schon mal rosa sein, Flugzeuge grün und eine Maus kann fünf Augen und Flügel haben.

Neulich erzählte Bastian mir, wie er eines Tages in die Küche seiner Wohnung kam und Emil dabei beobachtete, wie dieser ein Haus zeichnete. Es war ein farbenfrohes Haus und Emil total in seinem Element.

Du musst wissen, mein Kumpel Bastian ist ein sehr offener Mensch, der so ziemlich jede andere Meinung akzeptieren kann, auch wenn er sie nicht gut findet.

Er erzählte mir, wie er sich zu seinem Sohn stellte, um sich das Haus genauer anzusehen, und so nebenbei zu Emil sagte: »Wow, das ist ein schönes Haus. Aber Emil, du weißt schon, dass Fenster nicht rund sind, sondern eckig, oder?«

Sein Sohn hatte das Haus samt seiner Fenster so gemalt, wie es ihm gefallen hatte, doch jetzt erfuhr er von seinem Vater, den er liebte und bewunderte, dass Fenster anders, nämlich eckig zu sein haben.

KLEINE KOPIERMASCHINEN

Als Kinder wollen wir unseren Eltern gefallen, sie sind unsere persönlichen Helden. Von ihnen lernen wir die Regeln, die Werte und die Zusammenhänge der Welt, sie bringen uns bei, dass man bei einer grünen Ampel über die Straße geht und bei Rot stehenbleibt. Wenn unsere Eltern dann trotzdem bei Rot gehen, merken wir uns, dass es diese Regel zwar gibt, dass wir sie aber nicht so streng beachten müssen.

Im Grunde waren wir früher alle kleine Kopiermaschinen, die das, was sie gesagt und vorgelebt bekamen, nachgemacht und gelernt haben, es als richtig und gut anzusehen.

Dreimal darfst du raten, wie Emil heute ein Haus zeichnet: unten ein Viereck, obendrauf ein Dreieck und kleine, eckige Kästen als Fenster und Türen. Der Schornstein ist vermutlich auf der rechten Seite und falls Emil noch Wolken darüber malt, dann sind diese aller Wahrscheinlichkeit nach blau – obwohl ich in meinem Leben noch niemals blaue Wolken gesehen habe.

Je älter wir werden, desto mehr gewöhnen wir uns an, unsere individuelle Weltsicht gegen eine genormte auszutauschen.

Sieh dir deine eigenen Kinderzeichnungen an: Hast du die Welt als Kind nicht mit sehr anderen Augen gesehen als heute? Vielleicht bis dir jemand gesagt hat, dass Fenster eckig sein müssen.

DEM ANDEREN UNBEWUSST DIE EIGENE REALITÄT AUFZWINGEN

Ist es nicht verrückt, dass die Wirtschaft lauthals nach Menschen ruft, die »outside the box« denken und sich mal wieder trauen, Regeln zu brechen? Ich denke, wir alle waren genau solche Menschen – bis wir gelernt haben, dass wir innerhalb der Linien zu malen haben, dass Fenster eckig sein müssen, dass Gras grün ist und Wasser blau.

Zurück zu Bastian. Ich würde sofort unterschreiben, dass er ein Querdenker ist, doch offensichtlich ist sogar er, der im Gegensatz zu vielen anderen Kopfmenschen einen kreativen Zugang zur Arbeit hat, nicht davor gefeit, in starren Denkmustern gefangen zu sein. Was sagt uns das?

Wir sind so lange rational denkende Menschen, bis uns jemand daran erinnert, wie verloren unsere Gedanken sind.

Nun ja, dass zum Beispiel Menschen ihre eingefleischten Denkmuster nicht aus Böswilligkeit an die nächste Generation weitergeben, sondern weil es zutiefst menschlich ist, Muster und Denkmodelle, die sich für uns als erfolgreich erwiesen haben, als Standardmodell der Realität anzusehen. Haben wir dann das Gefühl, dass unser Gegenüber von unserem Standardmodell abweicht, versuchen wir – gerade, wenn uns die Person wichtig ist – auf Teufel komm raus, sie mit guten Ratschlägen oder Schlimmerem auf Linie zu bringen.

Was uns das Beispiel der eckigen Fenster lehren kann, ist etwas, das dir das Leben erleichtern wird, wenn du deinen Weg gehst. Und zwar, dass alle Menschen ihre eigene Realität haben und wir immer nur die Summe der Erfahrungen unserer Vergangenheit sind. Das, was sich für uns als gut oder richtig erwiesen hat, akzeptieren wir als Normalzustand, und Dingen, mit denen wir schlechte Erfahrungen gemacht haben, versuchen wir auszuweichen und andere davor zu bewahren.

Bastian wollte seinen Sohn nicht in seiner Fantasie beschränken, sondern nur, dass er keinen Fehler macht, der sein Leben vielleicht erschweren könnte. Das Zentrale an dieser Geschichte ist, dass so ein Prozess in der Regel komplett unterbewusst abläuft, Bastian hier also komplett automatisch gehandelt hat. Erst Wochen später, als wir bei einem Bier zusammensaßen und er mir die Geschichte erzählte, wurde ihm bewusst, was er seinem Sohn da mitgegeben hatte. Im Rückblick hat sein Sohn ihn gelehrt, wie sehr er auch als Vater von unbewussten Aktionen gesteuert wird.

IMPULS: Die Prägungen unserer Kindheit

Nimm die Zeichnung deines Hauses und schreib an einer freien Stelle hinzu, welche Menschen dich in deiner Kindheit am meisten geprägt haben – egal ob auf gute oder schlechte Weise. Schreibe dann neben den Namen jeder Person ein bis zwei Grundaussagen hin, die du mit ihr verbindest, die also für diese Person stehen.

Die Übung dient dazu, dass du dir bewusst machst, mit welchen Aussagen und Glaubenssätzen du aufgewachsen bist. Wie du in den nächsten Kapiteln sehen wirst, ist das von zentraler Bedeutung für dich und deinen Weg – und natürlich dafür, dass du immer seltener in dieselbe Falle tappst wie Bastian.

VON KINDERN LERNEN

»Wie alt werden wir, bis wir sterben?«

»Fliegt das Flugzeug so hoch, wie die Sterne sind?«

»Was ist eine Ameisenstraße und dürfen Menschen die benutzen?«

»Woher kennen Menschen die Zahlen?«

»Warum ist der Mond rund?«

»Wie wird man tot?«

»Woher kommt der Schnee auf den Bergen?«

»Woher kommen Wirbelstürme?«

FRAGEN VON DEM 3-JÄHRIGEN FELIX, DEN ICH BEI
EINER WANDERUNG KENNENLERNEN DURFTE

Hast du schon mal ein Baby gesehen, das sich geweigert hat, sich zu entwickeln und Neues zu lernen, zum Beispiel Sprechen und Laufen? Und hast du schon mal von einem Kind gehört, das bei dem Versuch, diese beiden schwierigen Dinge zu beherrschen, aufgegeben hat, weil es das einfach zu schwer fand?

»Hey, Mama, Papa... ich habe jetzt 40-mal versucht aufzustehen und einen Fuß vor den anderen zu setzen und bin immer wieder hingefallen. Das wird nichts mehr, bitte mich für den Rest meines Lebens tragen.«

Aufgeben ist für Babys keine Option, wenn es ums Laufen- oder Sprechenlernen geht.

Egal, wie oft ein Baby wortwörtlich auf die Schnauze fällt – es gibt nicht auf. Ja, es denkt nicht mal daran. Und es jammert auch nicht »ich bin sprachlich unbegabt«, wenn es darum geht, sprechen zu lernen – selbst wenn seine Muttersprache eine der schwersten Sprachen der Welt ist.

Es ist mittlerweile bekannt, dass sowohl der Erwerb der Muttersprache als auch das Erlernen des aufrechten Ganges zu den schwierigsten Dingen gehört, die ein Mensch im Laufe seines Lebens zu lernen hat. Trotzdem denkt dieses kleine Wesen nicht im Traum daran, aufzugeben. Ist das nicht ein Wunder?

Während das Thema Lernen bei den meisten Erwachsenen ungute Erinnerungen an die Schulzeit weckt, ist es für Babys etwas ganz Selbstverständliches. Sie lernen all diese grundlegenden Fähigkeiten bis zur Meisterschaft – sonst wären sie nicht in der Lage, aktiv am Familienleben und ihrer Umgebung teilzunehmen. Interessanterweise eignen sie sich diese Dinge nicht nur völlig automatisch, sondern auch enorm hartnäckig und manchmal geradezu verbissen an. Ganz offensichtlich, weil sie sie unbedingt beherrschen möchten.

Ein Baby kennt sein Wofür von der Sekunde an, wo es diese Welt betritt.

Der Wunsch, aktiv an dem Geschehen um es herum teilzunehmen, liefert dem Baby einen immens wichtigen Grund, diese Strapazen auf sich zu nehmen und nicht aufzugeben. Das Baby hat also, bevor es überhaupt sprechen kann, bereits ein Wofür, wegen dem es sich jeden Tag weiterentwickelt und Neues lernt. Ohne das könnte es nie ein integrierter Teil dieser Welt sein und würde zwangsläufig als einsamer Mensch enden, den niemand versteht.

KINDER HABEN DAS STAUNEN NOCH NICHT VERLERNT

Wir können von Kindern aber nicht nur lernen, zu welch unglaublichen Leistungen uns ein Wofür antreiben kann, sondern sie leben uns auch noch etwas ganz anderes vor – sie zeigen uns, welche Wunder um uns herum geschehen. Wunder, die wir Erwachsenen häufig als Banalität abtun. Ich muss es wissen, schließlich habe ich das Riesenglück, Vater einer wunderbaren kleinen Tochter zu sein, die eine raschelnde Papiertüte als das tollste Spielzeug aller Zeiten ansieht und sich tagelang darüber freuen kann, das Rascheln immer wieder neu zu entdecken. Für mich ist es einfach nur eine Tüte, bestenfalls gehört sie ins Altpapier, doch für meine Tochter ist diese Tüte ein Wunder, das mit allen Sinnen erfahren werden will.

Kinder erfahren die Welt noch viel unmittelbarer durch ihre Sinne. Wenn wir offen dafür sind, lehren sie uns, ins Hier und Jetzt zurückzukommen.

Ich erlebe immer wieder, wie Erwachsene, wenn sie einem Kind zusehen, innehalten und in den Augenblick geholt werden. Es stimmt wirklich, wenn Eltern sagen, dass sie durch ihre Sprösslinge die Welt wieder mit Kinderaugen wahrnehmen und dass sie das jung hält.

Wodurch fühlt sich ein Mensch jung?

Der bekannte Philosoph Konrad Paul Liessmann sagte mir einmal bei einer gemeinsamen Podiumsdiskussion, dass die Menschen sich jung fühlen, die das Gefühl haben, dass das Beste noch vor ihnen liegt, wohingegen diejenigen, die meinen, da kommt nichts mehr (»alles Wichtige ist schon passiert«) sich alt fühlen.

Was ist nur geschehen, dass wir erst die Kinder brauchen, um uns vor Augen zu führen, dass es ein Leben vor dem Tod gibt und dass wir alles in uns haben, um dieses Leben in vollen Zügen zu (er)leben?

Wann sind wir erwachsen geworden und haben vergessen, dass unser Leben nicht nur endlich, sondern auch einzigartig ist – so wie wir selbst? Ich persönlich kenne keinen einzigen Erwachsenen, der nicht als Baby geboren wurde, doch wenn ich mich heute so umsehe, begegnen mir sehr viele, die allem Anschein nach schon erwachsen auf die Welt gekommen sind –

zumindest verhalten sie sich so. Ich nenne sie gerne die »großen Menschen«.

Während meine Tochter mit den kleinen Dingen im Leben zufrieden ist und aus eigenem Antrieb all das lernt und schafft, was sie unbedingt möchte, warten diese großen Menschen nur mehr auf die Rente, tragen bis dahin ihre Köpfe auf ihren Körpern durch die Gegend und versuchen, ja nicht anzuecken.

Sie leben ein »norm«ales Leben unter Ausgrenzung ihrer Individualität. Sie haben vergessen, dass sie für etwas angetreten sind – für ihr Wofür.

IMPULS: Kinder an die Macht

Schnapp dir ein Stück Papier und schreib dir auf, was du an Kindern bewunderst und was du am liebsten tun würdest, wenn du wieder »klein« wärst und die Probleme der Erwachsenen nicht kennen würdest.

Ich liebe diese Übung und setze sie immer dann ein, wenn ich mal wieder das Gefühl habe, dass ich den Wald vor lauter Bäumen nicht sehe. Wir Menschen haben die Gabe, Lösungen und Chancen viel eher zu sehen, wenn wir uns in eine andere Person hineinversetzen. Und wer denkt freier, unbeschwerter und lustvoll-naiver als Kinder?

DIE HERKUNFT,
DIE UNS PRÄGT

Jedes Wasser hat seine Quelle, jeder Baum seine Wurzel.
CHINESISCHES SPRICHWORT

Ich habe in den letzten Jahren mit über 90 000 Jugendlichen in Europa Kontakt gehabt. Zumeist werde ich eingeladen, um sie mit meinen Vorträgen zu motivieren oder um in Workshops oder Coachings mit ihnen an ihrer Zukunft zu arbeiten.

Nicht selten höre ich Sätze wie »Kommen Sie bitte vorbei, Herr Mahlodji. Wir haben hier einige Jugendliche, die wollen nicht, die können nicht und vor allem – die haben keinen Bock.«

Interessanterweise werde ich manchmal aus denselben Gründen auch zu Unternehmen eingeladen, um dort mit den Mitarbeitern zu arbeiten. Meist passiert das dann, wenn sich die Unternehmen in einem Veränderungsprozess befinden und die Mitarbeiter nicht so richtig mitziehen wollen.

Ein vermeintliches »Nicht-Wollen« entpuppt sich in den meisten Fällen als ein Gefühl der Unzulänglichkeit.

Doch egal, wie viele Vorträge ich schon gehalten und wie viele Coachings ich schon gegeben habe – ich habe noch niemals jemanden kennengelernt, der nicht wollte oder nicht konnte, sondern maximal Menschen, die irgendwann in ihrem Leben das Gefühl bekommen haben, nicht gut genug zu sein.

Wenn ich mit diesen Menschen dann arbeite, liegt meine Hauptaufgabe darin, ihnen zu helfen, sich darüber bewusst zu werden, wer sie sind und zu was sie fähig sind. Den Jugendlichen versuche ich zu zeigen, dass sie schon jetzt genauso Teil der Gesellschaft sind wie die Erwachsenen – und nicht erst »jemand« werden müssen.

Interessant ist auch, dass meine Arbeit mit Erwachsenen sich von der mit den Jugendlichen in nichts unterscheidet. Wir vergessen gern, dass wir alle einmal Kinder waren und dass wir unser Selbstwertgefühl in dieser Zeit entwickelt haben. Es waren die frühen Jahre unseres Lebens, in denen wir vom lernlustigen Träumer zum Jugendlichen wurden, der sich, so wollte es unser Umfeld, auf »die echte Welt« vorbereiten musste. Eine Welt, in der keine Träumer und Visionäre vorgesehen sind, sondern nur hart arbeitende, erfolgsorientierte Menschen.

SCHLECHTES GEWISSEN DURCH GLAUBENSSÄTZE

Kannst du dich noch an all die Redensarten in Verbindung mit Arbeit und Geld erinnern, die du in deiner Kindheit und Jugend zu hören bekommen hast? Sätze, die dir vielleicht heute noch ein schlechtes Gewissen machen?

◇ »Ohne Fleiß kein Preis!«
◇ »Geld verdirbt den Charakter!«
◇ »Reiche Menschen sind selten nett.«
◇ »Hauptsache ein sicherer Job bis zur Rente.«
◇ »Über Geld spricht man nicht.«

Sehr wahrscheinlich haben es unsere Eltern und andere Bezugspersonen gut gemeint, wenn sie uns solche »Weisheiten« eintrichterten; sie haben nicht gewusst, dass wir uns mit diesen Glaubenssätzen das Leben schwer machen, wenn wir sie übernehmen. Zum Beispiel kann der Satz »Über Geld spricht man nicht« enorm viel Schaden anrichten, denn sehr viele Menschen bringen die meiste Zeit des Tages damit zu, eben dieses zu verdienen. Und Freiheit wird oft mit finanzieller Abgesichertheit gleichgesetzt. Geld nimmt also – ob wir wollen oder nicht – einen großen Stellenwert in unserem Leben ein. Wenn wir dann trotzdem laut Anstandskodex nicht darüber sprechen sollen, ist es kein Wunder, dass immer mehr Menschen nicht wissen, wie man mit Geld umgeht, und Konsumschulden machen.

Es ist nicht nur wichtig zu verstehen, woher die Glaubenssätze in unseren Köpfen kommen, sondern auch, was sie mit uns machen, denn sie steuern uns unbewusst jeden Tag und jede Stunde.

Wie wir unbewusst gesteuert werden

Ein gutes Beispiel dafür, wo unbewusst ablaufende Mechanismen toll sind, ist das Atmen. Es wäre fatal, wenn wir uns an diesen überlebenswichtigen Vorgang jeden Atemzug aufs Neue bewusst erinnern und uns immer wieder neu dazu entscheiden müssten. Da ist es schon fein, dass dies unser Körper für uns übernimmt.

Gott sei Dank wissen wir Menschen nicht, was unbewusst alles in uns abgeht – sonst würden wir uns noch viel mehr verrückt machen.

Ein weniger guter unbewusster Mechanismus ist zum Beispiel, wenn wir uns, ohne es zu merken, eine Zigarette anzünden, obgleich wir natürlich wissen, dass dies für uns schädlich ist. Oder wenn wir im Büro wieder mal zu einem Keks greifen, obwohl die letzte Weihnachtsfeier noch gar nicht so lange her ist und unsere Speckhüften das nur zu deutlich zeigen.

Wir tun so viele Dinge in unserem Leben, wegen derer wir uns selbst verurteilen, und übersehen dabei, dass diese Gewohnheiten vielleicht nur geerbte Muster unserer Umwelt sind. Untersuchungen zeigen, dass ungefähr 85 Prozent von dem, was wir tun, unser Unterbewusstsein steuert. Doch wenn wir unser Handeln nicht reflektieren, fahren wir im Autopilot-Modus durch die Welt und merken gar nicht, wenn wir uns selbst und unserer Zukunft den Weg verbauen.

Daher ist es wichtig, diesen unbewussten Glaubenssätzen und daraus resultierenden Verhaltensmustern auf die Spur zu kommen. Nur so können wir herausfinden, was uns steuert, und dann ganz bewusst Gegenmaßnahmen ergreifen.

IMPULS: Die Glaubenssätze deiner Jugend

Bitte schreibe all die Glaubenssätze auf, die deine Jugend in den folgenden sechs Bereichen geprägt haben:

◇ Arbeit
◇ Bildung
◇ Ernährung
◇ Beziehungen
◇ Geld/Reichtum
◇ Träume und Lebensglück

Überlege gut, welche Sätze oder Aussagen es waren, die deine Großeltern, Eltern oder Bekannte deiner Eltern immer wieder von sich gegeben haben.

Ein weit verbreiteter Stressfaktor: Der Satz »Dir soll es mal besser gehen«

Wie du siehst, begleiten dich viele »Regeln« durch dein Leben, die du selbst niemals aufgestellt hast, sondern die von deinen Eltern, deinen Großeltern oder auch aus den Generationen davor stammen.

Wenn Menschen zur Nachkriegszeit den Satz »Dir soll es mal besser gehen als uns« regelmäßig gebraucht haben, dann natürlich nicht, weil sie ihre Kinder unter Druck setzen wollten, sondern weil sie sich wünschten, dass ihre Kinder mal in Umständen leben sollten, die angenehmer sein würden als ihre eigenen. Damals gab es gefühlt keinen Frieden auf den Straßen und auch kein Gesundheits- oder Arbeitslosensystem, welches für die Bürger sorgte. Die Regale in den Geschäften waren selten voll und Nahrungsmittel wie Fleisch für manche Teile der Bevölkerung ein unvorstellbares Luxusgut.

Glaubenssätze werden manchmal über sechs Generationen hinweg weitergegeben. Das kann verheerend sein, wenn wir uns dessen nicht bewusst sind.

Wer damals nach der Maxime »Dir soll es mal besser gehen« lebte, der hatte also allen Grund zu diesem Wunsch.

Was passiert aber, wenn diese Maxime von Generation zu Generation weitergegeben wird, ohne jemals hinterfragt zu werden? Dann haben wir plötzlich das Jahr 2000, leben in einer Welt, die kaum Wünsche offen lässt, und erzählen den Kids immer noch »dir soll es mal besser gehen als uns«. Du kannst dir sicher unschwer vorstellen, wie viel Druck und was für eine Belastung dies für ein Kind bedeutet.

WENN ESSEN ZUM PROBLEM WIRD

In meinem Fall sah die Erwartungshaltung meiner Eltern etwas anders aus, aber auch dieses Beispiel wird sicher manch einer kennen.

Ich hab dir erzählt, dass ich im Iran geboren wurde, einem Land, das bekannt ist für seine Gastfreundschaft, seine lebendige Kultur und vor allem: für sein Essen. Wer einmal die persische Küche erlebt hat, der schwärmt auch Jahre später noch davon.

Was für Touristen eine fantastische Gaumenfreude ist, kann aber zur Tortur werden, und zwar immer dann, wenn Essen nicht mehr als Genuss, sondern als gesellschaftliches Muss zu sich genommen wird.

Im Iran ist es normal, dass man im Kreise der Familie ständig isst, und zwar sehr viel. Bei einem klassischen Mittagessen kann es schon mal verschiedene Vorspeisen, Hauptspeisen und Desserts geben und die wollen alle aufgegessen werden. Halb voll stehen gelassene Teller bedeuten in etwa »hat mir nicht geschmeckt«, was einer Ohrfeige gleichkommt.

Im Iran wird bei Familientreffen oder Besuchen von Bekannten gegessen, was der Teller beziehungsweise der Gastgeber hergibt. Dass das zu Übergewicht führen kann, liegt auf der Hand.

Ich erinnere mich noch daran, wie ich vor vielen Jahren merkte, dass ich ein Gewichtsproblem hatte. Egal, ob es mir sehr gut ging oder sehr schlecht, Essen war immer eine Option. Ich kämpfte innerlich mit mir, weil ich nicht verstand, warum ich mir, ohne es zu merken, immer etwas in den Mund steckte, wenn ich emotional ein Hoch oder ein Tief durchlebte.

Erkenntnis brachte ein Gespräch mit meinem Onkel mütterlicherseits, der in seiner Jugend dasselbe Problem gehabt hatte. Von ihm lernte ich, dass Situationen, die sehr emotionsgeladen sind, von uns Menschen unterbewusst ganz tief abgespeichert werden.

Das ist auch der Grund, warum wir uns Jahre später an den schlimmsten oder besten Lehrer zurückerinnern können, wohingegen uns die Namen der LehrerInnen, welche uns emotional nicht berührten, nicht mehr einfallen.

Und genauso war es auch mit dem Essen. Wenn meine Familie und ich zu Mittag aßen, war es mehr als Essen. Es war ein Aufkommen und Mitteilen der Emotionen und man muss wissen, persische Familien sind ein einziges Wechselbad der Gefühle. Da wird viel umarmt, viel gestritten, über Freud und

Leid philosophiert und gelacht. Kommt dann das Essen auf den Tisch, steht die Welt für einen Moment der Glückseligkeit still und alles ist gut.

Wenn man so aufgewachsen ist wie ich, assoziiert man mit starken Gefühlen wie tiefer Trauer oder Begeisterung automatisch gutes Essen. Ein bisschen so wie der pawlowsche Hund, dem der Speichel im Mund zusammenläuft, wenn er nur die Essensglocke hört.

Der pawlowsche Hund

Der russische Forscher Iwan Pawlow ist der Begründer der klassischen Konditionierung.

Er hatte beobachtet, dass bei Hunden der Speichelfluss schon ausgelöst wird, wenn sie nur die Schritte ihrer Besitzer hören, und wollte wissen, wie weit er diese Hunde auch auf andere Signale konditionieren konnte.

In seinem Experiment verband er die Essenlieferung an einen Hund mit einer Glocke, die geläutet wurde. So lernte der Hund, sein Essen direkt mit dem Läuten der Glocke in Verbindung zu bringen. Irgendwann begann man die Glocke zu läuten, ohne dem Hund Essen hinzustellen, und stellte fest, dass der Körper des Hundes trotzdem so reagierte, als ob es gleich Essen gäbe: Der Speichel begann zu fließen, der Hund wurde unruhig und alles im Körper des Hundes schrie nach Essen, obwohl nur eine Glocke geläutet worden war. Pawlow bekam für diese Entdeckung den Nobelpreis und ich die Erklärung, warum ich in emotionalen Situationen automatisch an Essen dachte.

Wir Menschen, ob es uns gefällt oder nicht, stehen bei unbewussten Abhängigkeiten dem Hund von Pawlow in nichts nach. Wir reagieren wie ferngesteuert, ohne zu wissen warum. Und das Schlimmste ist, wir machen uns das selbst auch noch zum Vorwurf: »Ich bin nicht diszipliniert genug, ich müsste mich viel

mehr anstrengen und überhaupt, mit mir stimmt etwas nicht.«
Diese Denke ist zu nichts gut außer dazu, dass wir uns klein und
unzulänglich fühlen.

Der inneren Stimme wieder Raum geben

Als ich damals mit meinem Onkel gesprochen hatte und die
Muster erkannte, die in mir unterbewusst abliefen, wusste ich,
dass ich das Thema Essen von meinen Emotionen entkoppeln
musste. Da Essen natürlich auch in Europa gern in Gesellschaft
stattfindet und Tischgespräche nun mal Emotionen beinhalten,
beschloss ich, für einige Monate allein zu essen. Anfangs war
mein Umfeld irritiert, dass ich – der immer so gesellig gewesen
war – plötzlich in der Mittagspause allein essen ging. Doch genau diese Stille war es, die mir zeigte, wann ich mit dem Essen
aufzuhören hatte, weil mir mein
Körper signalisierte »so, ich bin *Manchmal hilft es, uns selbst zu*
dann mal satt«. Wo früher die *beobachten und uns zu fragen,*
emotionalen Gespräche mit Ar- *was wir denken würden, wenn*
beitskollegen lauter gewesen wa- *wir jemand anders wären.*
ren als meine innere Stimme, be-
kam diese endlich ihren Raum und ich spürte zum ersten Mal,
wie es war, nur zu essen, wenn der Körper es brauchte, und nicht
einfach weil Menschen zusammenkamen.

Keine Angst, das ist kein Ratschlag, dass wir uns alle uns
ab morgen wie Mönche zurückziehen und jedes Essen in netter
Runde ausschlagen sollen. Nein, sicher nicht. Dafür sind die
Treffen mit Kollegen, Freunden und Familie viel zu schön und
die Gespräche zu wertvoll. Doch für mich, der ein echtes Essens-
problem hatte, war diese bewusste Pause notwendig, um meine
Gefühle vom Essensprozess zu entkoppeln und um zu erkennen,
dass ich, ohne es zu wissen, von Mustern geprägt war, die mich
seit meiner jüngsten Kindheit begleiteten, ohne dass ich mich
dagegen hatte wehren können.

Du kannst ja mal für dich prüfen, ob es dir unter Umständen genauso geht. Dann versuche es ruhig mal mit so einer Gesprächs-Abstinenz. Bei mir zumindest hat sie Wunder gewirkt.

Wo in der einen Kultur Essen als Kraftstoff für das Leben gesehen wird und dementsprechend die Mengen und die Inhaltsstoffe mit Bedacht gewählt werden, gibt es andere Kulturen, in denen Essen mit Zuneigung gleichgesetzt wird. Wer kennt nicht den Spruch »Liebe geht durch den Magen« oder Sätze wie »Ich hatte einen harten Tag, ich belohne mich jetzt mit einem leckeren Stück Kuchen«.

EMPATHIE SCHAFFT VERSTÄNDNIS

Ich war jahrelang sauer auf meine Eltern gewesen, weil sie uns mit Essen vollgestopft hatten. Erst wesentlich später erkannte ich, dass es für sie die einzige Möglichkeit gewesen war, meinem Bruder und mir etwas »Materielles« zu geben. Wir lebten damals in Wien immer in Sozialwohnungen, die für Flüchtlinge und Familien aus prekären Situationen reserviert waren.

Meine ersten neuen Nike-Turnschuhe bekam ich mit 13 Jahren von meinem Onkel aus Italien. Ich war so stolz auf diese Schuhe, die vor mir noch nie jemand getragen hatte, dass ich eine Woche lang mit ihnen im Bett schlief.

Während meine Klassenkameraden zu Weihnachten die neuesten Markenklamotten bekamen, mussten wir mit den Sachspenden der Caritas oder vom Roten Kreuz Vorlieb nehmen.

Für meine Eltern, die uns natürlich auch ein Aufwachsen in etwas mehr materiellem Wohlstand gewünscht hätten, war reichliches Essen quasi die Alternative, mit er sie uns Kids umsorgen konnten.

Wenn meine Schulfreunde bei uns zu Hause waren, schwärmten sie am nächsten Tag von dem wunderbaren Essen, den großen Portionen und von der grenzenlosen Gastfreundschaft meiner Eltern.

Jetzt, wo ich erwachsen bin, ziehe ich jede zwischenmenschliche Geste einem materiellen Geschenk vor, doch als Kind willst du auch die coolen neuen Schuhe oder die Spielkonsole, die deine Klassenkollegen haben. Diesen Mangel glichen meine Eltern damit aus, dass wir, wenn wir es uns eben leisten konnten, beim Essen immer im Überfluss schwelgten.

Als ich Jahre später verstand, warum meine Eltern uns ständig mit Essen abgefüllt hatten, änderte sich meine Sicht auf ihr Verhalten. Aus Wut und Ärger wurden Verständnis und Dankbarkeit. Dankbarkeit dafür, dass sie nach ihren Möglichkeiten alles versucht hatten, um meinem kleinen Bruder und mir ein gutes Leben zu schenken – auch wenn es ein Zuviel an Kilos nach sich zog.

Auch wenn wir unsere Eltern in der Regel lieben, schützt das sie und uns nicht davor, dass wir ihnen manchmal sehr böse sind und ihr Verhalten komplett missbilligen.

Bei Licht betrachtet ist es wohl nie so, dass Eltern »schlechte« Gewohnheiten absichtlich vererben. Sie tun dies entweder unbewusst oder weil sie glauben, dass das, was sie ihrem Kind da mitgeben, etwas Gutes ist. Versetzt man sich in ihre Lage hinein und baut echte Empathie auf, so versteht man schnell, dass sie nur die Muster und Glaubenssätze wiederholen, die sie selbst als gut und richtig gelernt haben. Sie reflektieren nicht bewusst, was in ihnen abläuft.

Die folgende Übung kann ziemlich herausfordernd sein. Nimm dir dafür genug Zeit und ziehe dich an einen Ort zurück, wo du für dich allein sein kannst und nicht gestört wirst.

IMPULS: Das Positive erkennen

◇ Versetz dich in eine Situation hinein, in der du über deine Eltern verärgert warst, weil sie dein Leben in einer Art und Weise geprägt haben, die du nicht wolltest.

◇ Schreibe auf, was dich besonders geärgert hat, und lass deinen Worten freien Lauf. Es ist okay, sauer oder traurig zu sein, wenn du das Gefühl hast, dass dir etwas mitgegeben wurde, das dir heute nicht guttut.

◇ Nun lies dir durch, was du notiert hast, atme danach einige Male tief durch oder geh um den Block. Wichtig ist, dass du Abstand zu dem bekommst, was du gerade niedergeschrieben hast.

◇ Wenn du das Gefühl hast, eine gewisse Distanz und Ruhe in dir zu spüren, lies abermals deinen Text, doch diesmal versuche, dich in die Lage deiner Eltern hineinzuversetzen. Frage dich, wo ihre Beweggründe lagen und was sie Gutes für dich wollten – auch wenn die Art und Weise, wie sie es zu erreichen versuchten, in deinen Augen der falsche Weg ist.

Diese Übung ist nicht einfach, ich weiß. Doch sie ist wichtig, damit du verstehst, dass die Dinge, die dir von deinen Eltern, deinen Lehrern und deinem sonstigen Umfeld mitgegeben wurden, in aller Regel wirklich gut gemeint waren, auch wenn es manchmal wenig hilfreiche oder nicht mehr zeitgemäße Angewohnheiten und Überzeugungen sind.

Außerdem hilft dir die Übung, dir bewusst zu machen, von welchen Überzeugungen, Glaubenssätzen und destruktiven Denk- und Verhaltensgewohnheiten du dich lösen möchtest. Doch dazu kommen wir später.

TRIFF DEINE EIGENEN ENTSCHEIDUNGEN

»An den Scheidewegen des Lebens stehen keine Wegweiser.«
CHARLIE CHAPLIN

Sieben Milliarden Menschen auf der Welt, sieben Milliarden unterschiedliche Schicksale und Lebensläufe. Doch so anders unser Leben auch jeweils verlaufen mag, für jeden von uns hält es viele Lektionen bereit. Manche nennen diese Lektionen Probleme, manche Herausforderungen... für mich sind sie zu Freunden geworden, an denen ich mich messen und durch die ich wachsen kann. Denn auch wenn die Lektionen manchmal sehr schmerzhaft sind, bin ich davon überzeugt, dass wir sie immer erst dann vorgesetzt bekommen, wenn wir auch dafür bereit sind. Und wie sagt man so schön: Die Bruchstelle einer gebrochenen Hand ist nach der Heilung stärker als zuvor.

Statt an bestimmten Dingen krampfhaft festzuhalten, können wir ein Grundvertrauen entwickeln, dass es im Leben immer weitergeht.

NACH OBEN SCHEITERN

André Heller, der international bekannte Künstler, sagte einmal zu mir, dass wir Menschen immer nach oben scheitern und dass wir, wenn wir das einmal verstanden haben, beginnen, die Unsicherheit des Lebens zu umarmen.

Nach oben scheitern? Über diese Formulierung musste ich eine Weile nachdenken, denn im ersten Moment klingt sie ja ziemlich unlogisch. Doch dann wurde mir klar, was André Heller meinte. Niederlagen bringen uns weiter, sie helfen uns, uns weiterzuentwickeln. Und wenn wir genau hinsehen, sind doch häufig die Menschen am erfolgreichsten, die wissen, wie sie aus ihrem Scheitern lernen, und die wissen, dass es keine Planungssicherheit im Leben gibt. Diese Menschen haben ein Grundvertrauen ins Leben entwickelt, weil sie oft genug erlebt haben, dass es immer weitergeht, egal, wie verfahren oder ausweglos eine Situation erscheint. Das meinte André Heller, als er sagte, dass sie lernen, die Unsicherheit des Lebens zu umarmen.

Unsicherheit gehört zum Menschsein dazu

Ein Blick in die Vergangenheit unserer Spezies zeigt, dass wir Menschen von Anbeginn an immer und jederzeit mit Unsicherheit konfrontiert gewesen sind – unsere Vorfahren, die Steinzeitmenschen, konnten davon ein Lied singen. Sie waren der Unbill des Wetters und der Natur mehr oder weniger schutzlos ausgeliefert und mussten allzeit bereit sein, sich gegen eine Bedrohung zur Wehr zu setzen.

Doch ganz offensichtlich haben sie gelernt, damit umzugehen, sonst gäbe es uns heute nicht. Sie haben sich an ihre Umwelt angepasst und mitentwickelt und sind aus einer jeden Niederlage gestärkt hervorgegangen.

Wenn du glaubst, wir würden heute in unsicheren Zeiten leben, dann stell dir kurz vor, in der Steinzeit geboren zu sein.

Die Unsicherheiten, denen wir heute ausgesetzt sind, sind zwar deutlich anders beschaffen als die unserer Vorfahren, doch auch wir sind täglich mit Ereignissen konfrontiert, die uns zeigen, wie wenig Einfluss wir auf viele entscheidende Dinge in unserem Leben haben. Haben wir in einem Jahr noch den Arbeitsplatz, den wir heute haben?

Was macht die Klimakrise mit unserer Umwelt, welchen Einfluss haben politische Veränderungen auf unsere Gesellschaft und wie steht es um unseren eigenen Weg und den unserer Familie? All das sind Fragen, die uns umtreiben und verunsichern.

Unsicherheiten allüberall gibt es heute also noch genauso wie in der Steinzeit. Doch in einer Hinsicht unterscheiden wir uns deutlich von unseren Vorfahren. Statt alles dafür zu tun, diesen Unsicherheiten so gewappnet wie möglich entgegenzutreten, verharren wir in einer gefühlten Ohnmacht, weil wir uns selbst nichts mehr zutrauen. Wir krempeln nicht die Ärmel hoch, um alles zu tun, was getan werden muss, sondern vergeuden stattdessen viel Zeit damit, nach einem Schuldigen zu suchen, andere verantwortlich machen zu wollen oder – noch schlimmer – darauf zu warten, dass jemand kommt, der uns sagt, was wir tun sollen.

Wir warten auf jemanden, der uns an die Hand nimmt und uns unseren Weg zeigt. Aber dieser Jemand können nur wir selbst sein.

Während der Steinzeitmensch sich seine Waffen für den Kampf mit dem Urzeitmammut selbst schnitzte und jeden Tag bereit war, alles für sein Überleben zu tun, sitzen wir passiv in unseren Büros oder vor unseren Handys, jammern über den menschengemachten Klimawandel, wünschen uns, dass die Digitalisierung uns die Jobs nicht wegnimmt, und hoffen, dass uns jemand da draußen sagt, wie wir unseren Weg zu gehen haben und was wir tun und lassen sollen.

Es gibt tatsächlich immer mehr Menschen, die vor Reality-shows im Abendprogramm sitzen und darauf warten, dass eines Tages die Tür aufgeht und jemand reinspaziert, der ihnen zeigt, wie ein erfolgreiches Leben auszusehen hat. Doch dieser Tag wird nicht kommen. Es wird kein Prinz Charming an der Tür klingeln und auch kein Experte für unsere Zukunft.

Wir müssen begreifen, dass nur wir selbst uns helfen können. Wir müssen raus ins Leben und etwas wagen, uns für unsere Träume einsetzen und unser Wofür finden und leben – auch auf die Gefahr hin, zu scheitern. Denn jetzt wissen wir ja – auch vor dem Scheitern brauchen wir uns nicht zu fürchten, denn wir scheitern immer nach oben.

Kein eigenständiges Denken gelernt

Die Schule hat versucht, uns alle nach dem Gießkannenprinzip auf das Leben vorzubereiten. Ganz egal, wofür wir uns interessierten oder was wir gut konnten, wir mussten alle das Gleiche lernen. Nach der Schule haben wir dann festgestellt, dass die eine Sache, die man für ein gutes Leben wirklich braucht, niemals im Unterricht behandelt wurde: den Fokus auf die eigenen Stärken zu legen, um flexibel zu sein und die Herausforderungen dieser Welt zu meistern.

Während der vielen Jahre auf der Schulbank sind unser eigenständiges Denken oder unsere Selbstwirksamkeit leider nicht gefördert worden, sondern im Gegenteil; wir haben gelernt, dass es immer jemanden gibt, der uns sagt, was als Nächstes ansteht und in welcher Art und Weise es zu tun ist. So wie der pawlowsche Hund wurden wir auch konditioniert und zwar darauf, einer Autoritätsperson zu gehorchen, die vorgibt, wie der nächste Schritt aussehen soll.

Die Zeit der Gehorsamkeit ist vorbei, daher braucht es Menschen, die bestehende Autoritäten infrage stellen.

So kommt es mir zumindest vor, wenn ich heute mit Menschen zu tun habe, die sich nicht trauen, eigene Entscheidungen für ihr Leben zu treffen. Sie hoffen wirklich auf jemand anderes, der ihnen ihren Lebensweg vorzeichnet.

Doch diese Hoffnung kann nur enttäuscht werden, denn die einzige Person, die eine Entscheidung für deine Zukunft treffen kann, bist du. Und genau darum geht es in diesem Buch. Ich kann dir nicht sagen, wer du bist, doch ich kann dir dabei helfen, den Lärm der Welt auszublenden und dir Zeit für dich zu nehmen, um zu erkennen, wer du bist und vor allem, was dich innerlich wirklich antreibt.

Das große Problem daran, dass die meisten Menschen blockiert sind und keine Entscheidungen treffen, ist, dass sie so zum Spielball ihrer Umgebung werden. Der Klassiker: Ein Mensch ist unglücklich im Job, tut aber nichts, um etwas an seiner Situation zu verändern. Auf lange Sicht ist dieser Mensch bei der Arbeit natürlich immer weniger motiviert – und jetzt rate, wer als Erster gehen muss, falls das Unternehmen Einsparungen vornimmt.

Nun wird dieser Mensch zu Hause sitzen, aller Welt die Schuld geben und im Sog seines Selbstmitleids das Wichtigste übersehen: nämlich die Frage, ob er wirklich alles getan hat, um seine Lebensqualität zu verbessern.

Natürlich gibt es Menschen, die voller Tatendrang ihrem Job nachgehen und trotzdem die harte Seite des Lebens zu spüren bekommen und entlassen werden. Doch aus meiner Erfahrung stehen diese Menschen nach einem kurzen Schock wieder auf und arbeiten an sich, weil sie wissen, dass Nichtstun und Abwarten auch eine Entscheidung ist – eine Entscheidung gegen das eigene Vorankommen.

Haben wir einmal verstanden, dass unsere Entscheidungen unseren Weg formen, können wir nicht mehr zurück in unser altes Leben voller Ausreden.

Als ich die Schule abgebrochen habe, war ich innerlich ein selbstmitleidiges Häufchen Elend, das die Schuld dem System gab, welches mir – dem armen, stotternden Flüchtling – das Leben schwermachte. Auch wenn ich diese Situation niemand wünsche, weiß ich heute doch: Der Einzige, der mich da rausboxen konnte, war ich selbst.

Ein kleiner Tipp: Manchmal reicht es sogar, dass du nichts anderes tust, als deine Sichtweise zu ändern, und plötzlich sieht die Welt ganz anders aus. Lass mich dir dazu die Geschichte von dem Putzmann Adrian erzählen.

IMPULS: Der Weg des Handelns

Mache eine Liste mit drei Spalten und schreibe über die erste Spalte »Was nervt«, über die zweite Spalte »Idealzustand« und über die dritte Spalte »Was kann ich tun?«.

Nun schreibe in Spalte 1 drei Dinge, mit denen du aktuell in deinem Leben nicht zufrieden bist. In Spalte 2 schreibe, wie der Idealzustand aussehen würde, und in Spalte 3, was du sofort machen kannst, um dem Idealzustand etwas näher zu kommen. Also was ist das, was in deiner Entscheidungsmacht liegt?

Jetzt sag mir ja nicht, dass du nichts machen kannst – wir können immer etwas tun, auch wenn es nur kleine Schritte sind.

Der Putzmann als wichtigster Verkäufer des Unternehmens

Wir hatten bei whatchado beschlossen, auch Reinigungskräfte zu interviewen, und Adrian war uns empfohlen worden. Er arbeitete als Putzmann in einem Bahnhof. Adrian ist gebürtiger Rumäne und war seit ungefähr elf Jahren in Österreich, als ich ihn kennenlernte. Mit meinem damaligen Wissen ging ich davon aus, dass das Interview mit einem Putzmann wenig spannend sein würde, da Putzen aus meiner Sicht kein sinnerfüllter Job sein konnte – vom Status in der Gesellschaft ganz abgesehen.

Bevor das Interview begann, sahen wir uns die möglichen Interview-Orte am Bahnhof an und begannen mit dem üblichen Smalltalk, den man nun mal so führt. Ich erzählte Adrian, was dieses Interview für einen Zweck hatte, und machte ihm klar, dass es darum ging, Jugendlichen zu zeigen, welche Möglichkeiten es im Leben gibt und dass jeder Job erfüllend sein kann.

Da Adrian an diesem Tag die Frühschicht hatte, war ich für meine Verhältnisse sehr früh auf den Beinen und noch nicht ganz wach, als

er mich angrinste und sagte »nichts leichter als das, ich bin schließ-
lich der wichtigste Verkäufer des Unternehmens«.
Ich war etwas irritiert, denn Reinigungskräfte waren in meinen
Augen keine Verkäufer und schon gar nicht die wichtigsten in einem
Unternehmen.
Doch Adrians Augen funkelten und mit einem spitzbübischen
Lachen setzte er zum Erzählen an.
»Wissen Sie, Herr Ali (wie so viele konnte er meinen Nachnamen
nicht aussprechen, daher hatten wir uns auf diese Anrede geeinigt),
wenn meine Truppe und ich in der Früh die Bahnhofshallen blitz-
sauber geputzt haben, dann freuen sich die Fahrgäste, wenn sie we-
nige Stunden später zu ihren Zügen gehen. Sie sind dann gerne
Kunde der Bahn. Doch wenn wir unsere Arbeit nachlässig machen,
den Mist liegen lassen und der Bahnhof wie eine runtergekommene
Absteige aussieht, dann sind die Fahrgäste ungern hier, ungern
Kunde, und wir in ihren Augen ein schlechtes Unternehmen. So ge-
sehen sind wir hier die wichtigsten Verkäufer, weil wir morgens für
den ersten Eindruck sorgen.«

Nach diesem Interview war ich geplättet von Adrians Sichtweise auf seinen Job und dessen Bedeutung für die Fahrgäste. Aber was er da sagte, war ja völlig überzeugend.

Leider war ich auch von mir selbst ziemlich enttäuscht, denn mir war meine arrogante Haltung gegenüber dem Beruf der Reinigungskraft erst in diesem Gespräch bewusst geworden. Gerade ich, der ich am eigenen Leib ja nur zu oft erlebt habe, wie schmerzhaft und nervig Vorurteile sind, war hier auch nicht anders gewesen. Ich glaube, wir alle – für wie tolerant wir uns selbst auch halten – sind niemals davor geschützt, unbewussten Vorurteilen viel zu viel Raum zu geben.

Aber abgesehen von den Vorurteilen – ist es nicht verrückt, wie oft wir in unserem Beruf nur das sehen, was uns fehlt, selten aber die Bedeutung, die unser Job für das große Ganze hat?

Adrian hat in seinem Leben eine Entscheidung getroffen, und zwar die, sich jeden Tag bewusst zu machen, welche Wertschätzung er sich selbst, seinem Beruf und seinen Kunden entgegenbringen will – ungeachtet dessen, welchen Status sein Beruf in der Gesellschaft hat. Er weiß, durch seinen jetzigen Beruf wird er nicht reich, und doch er trägt eine große Dankbarkeit in sich, weil er vor allem die positive Seite seines Jobs im Blick hat.

SCHLIESS AB MIT DER VERGANGENHEIT

»Die Erfahrungen deiner Vergangenheit
haben nichts mit deiner Zukunft zu tun –
wenn du es nicht zulässt.«

MEIN ONKEL MEHRAN

Unser Gehirn ist schon ein lustiges Ding. Auf der einen Seite ist es ein Werkzeug, das die Menschheit bereits bis auf den Mond gebracht hat, auf der anderen Seite denken wir damit jeden Tag 60 000 Gedanken, die uns größtenteils eher runterziehen und blockieren. Wir verbringen sehr viel Zeit damit, uns entweder Sorgen über etwas zu machen, das noch in der Zukunft liegt, oder mit dem zu hadern, was bereits vergangen und nicht mehr zu ändern ist.

Wenn wir gedanklich damit beschäftigt sind, uns wegen der Zukunft zu sorgen oder über die Vergangenheit zu grübeln, nehmen wir uns die Chance, unsere tiefsten Wünsche und Potenziale zu leben.

Adrian, der Putzmann, hat das Glück und die Reife, seine Gedanken so zu lenken, dass er das Schöne an seinem Job sieht, egal wie hart oder unerfreulich seine Aufgaben auch sein mögen. Doch während er fast schon zenhaft seiner Arbeit nachgeht, leben viele von uns in einer Mischung aus Stress, Angst und Ärger.

Uns stresst der Arbeitskollege, wir haben Angst vor dem nächsten Projekt und uns ärgert, dass wir noch immer nicht unseren Sinn in der Arbeit gefunden haben. Diese Emotionen blockieren uns, sie hindern uns daran, unser Innerstes zu erfahren, unsere Potenziale zu erproben und uns Fragen zu stellen, die uns weiterbringen. Statt dass wir tatkräftig unsere Erfüllung leben, sind wir mit den Gedanken ständig in der Zukunft oder in der Vergangenheit, aber eben fast nie im Hier und Jetzt.

Zum Glück gibt es einen einfachen Trick, mit dem wir uns selbst und unsere Gedanken überlisten können:

DANKBAR STATT TRAURIG

Wir Menschen können nicht verärgert, verängstigt oder traurig sein, wenn wir zur selben Zeit dankbar sind. Das schafft unser Gehirn nicht, probier es ruhig mal aus. Sind wir dankbar für irgendetwas, so haben Ärger, Wut und Trauer plötzlich keinen Platz mehr in unserem Kopf.

DER TRICK IST DANKBARKEIT

»Dankbarkeit? Was für ein Quatsch!«, wirst du vielleicht sagen. »Ich bin geprägt von Glaubenssätzen und Mustern, die mein Verhalten negativ beeinflussen und mir damit das Leben schwermachen. Und dafür soll ich jetzt dankbar sein?«

Ja, sollst du, und zwar, damit du dich selbst so programmierst, deinen Fokus automatisch eher auf das Licht anstatt auf den Schmerz zu legen. Dankbarkeit gibt uns die Chance, unsere Vergangenheit hinter uns zu lassen.

In meiner Arbeit begegnen mir immer wieder Menschen, die sich keine konstruktiven Gedanken über ihr Wofür machen können, weil sie in ihrer Vergangenheit feststecken. Um Platz für deine Gegenwart und eine erfreuliche Zukunft zu machen, musst du es also schaffen, mit deiner Vergangenheit abzuschließen. Bevor du diesen Schritt gehst, musst du dich bewusst dafür entscheiden, nach vorne blicken zu wollen, und dafür bereit sein, dich aktiv von deiner Vergangenheit zu verabschieden, die dich unterbewusst blockiert. Nur, wenn du dich bewusst dafür entscheidest, hat es Sinn, dass wir beide weitermachen.

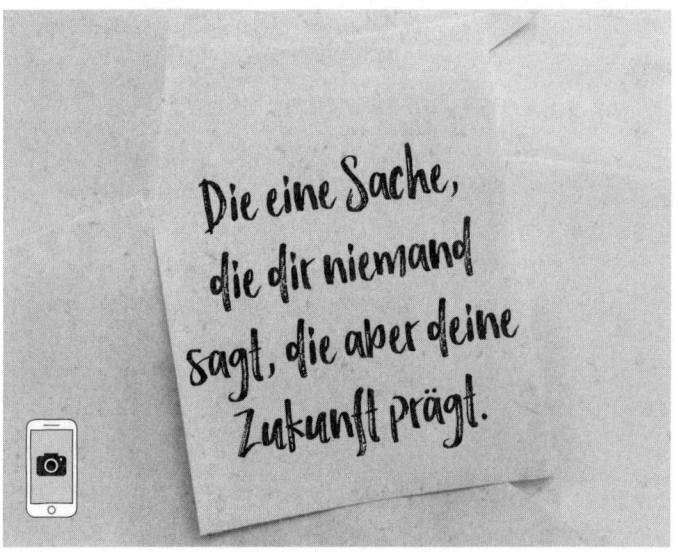

DER PROZESS DES LOSLASSENS

Also, bist du bereit, den nächsten Schritt zu gehen und dich von deiner Vergangenheit zu lösen?

Falls nicht, leg das Buch zur Seite und nimm es erst wieder zur Hand, wenn du so weit bist. Wichtig ist, dass du die Dinge in deinem Tempo machst, ohne Druck, ohne Hetze und ohne schlechtes Gewissen. Du hast alle Zeit der Welt.

Falls du dich jetzt schon bereit fühlst, entscheide dich bewusst dafür, was du möchtest, und schreib es nieder – wenn es dir hilft, verwende diesen Satz von mir:

»Meine Vergangenheit ist nicht meine Zukunft. Ich entscheide mich dafür, meine Zukunft bewusst zu gestalten, und dafür, die Teile meiner Vergangenheit, die mich festhalten, loszulassen.«

DER PROFI-TIPP:

Es ist wichtig, dass du dein Vorhaben zeichnest oder aufschreibst, damit du es wirklich vor dir siehst. Und sprich es auch laut aus. Deine Augen müssen sehen und deine Ohren hören, was du vorhast. So bekommt dein Gehirn zu deinem Anliegen noch mehr Reize geliefert und die Chancen, dass es sich dort festsetzt, steigen massiv. Viele unserer Vorhaben scheitern, weil wir sie nur in unserem Kopf haben, aber niemals über unsere Augen und Ohren wahrnehmen. Beide Sinnesorgane sind nämlich starke Inputgeber für unser Gehirn und können als Verstärkersysteme unser Vorhaben in unser Gehirn einbrennen.

So, nachdem du dich bewusst entschieden hast, weiterzumachen, legen wir los! Erinnere dich dafür noch mal an die Übung »Das Positive erkennen« auf Seite 94, in der es darum ging, welche Glaubenssätze oder Verhaltensmuster, die du von deinen Eltern und deinem Umfeld mitbekommen hast, dich ärgern oder traurig machen.

Jetzt möchte ich von dir, dass du dir all diese Punkte noch einmal ins Gedächtnis rufst und dich dann davon verabschiedest – Schritt für Schritt.

DIE VERGANGENHEIT BEWUSST VERABSCHIEDEN

IMPULS: Schreibe einen Brief

◇ Erstelle eine Liste mit Menschen, die dich in deiner Kindheit und Jugend stark geprägt haben.

◇ Schreibe jedem dieser Menschen – egal, ob er noch lebt oder schon gestorben ist – einen Brief, in den du all das reinschreibst, was du ihm immer schon sagen wolltest, jedoch niemals gewagt hast, auszusprechen.

◇ Ergänze den Brief um all die Dinge, für die du dieser Person dankbar bist.

Manchmal sprechen wir Dinge nicht aus, weil wir niemanden verletzen wollen oder weil wir denken, dass unsere Jugend schon zu lange her ist. Doch Fakt ist, dass wir nicht nur die guten Erinnerungen in uns tragen, sondern auch alle Erlebnisse, die uns traurig oder wütend gemacht haben, und dass diese uns, solange wir nicht bewusst mit ihnen abschließen, weiter beschäftigen.

Nimm dir für diese Briefe Zeit und achte darauf, dass du nichts weglässt. Das ist ein Prozess, die Dinge abzuarbeiten.

Deshalb schreibe alles auf, was dir auf der Seele liegt, an deinen Vater, deine Mutter, vielleicht an deine Großeltern oder Tanten und Onkel – an alle Menschen, die dich besonders geprägt haben. Sag ihnen, was du immer schon loswerden wolltest, was dich beschäftigt und was in dir brodelt. Es kann gut sein, dass du für diese Übung mehrere Tage brauchst, das ist okay. Ich selbst habe an dem Brief an meinen Vater fast drei Tage geschrieben. Es gab sehr viele Dinge, die ich in mich hineingefressen hatte, denn immer hatte ich ein schlechtes Gewissen gehabt bei dem Gedanken, ihm meine Meinung zu sagen.

Falls du bei der Vorstellung, jemandem deine Meinung zu sagen, jetzt zusammenzuckst, kann ich dich beruhigen. Ziel dieser Übung ist nicht, den Brief deinen Eltern oder den anderen betroffenen Menschen in die Hand zu drücken, sondern in erster Linie geht es darum, dir bewusst zu machen, was da aus dir raus will, was dich beschäftigt.

Jeder Mensch hat etwas, für das du ihm dankbar sein kannst, auch dein größter Feind.

Wenn du all das aufgeschrieben hast, kommt jetzt der dritte Schritt. In dem geht es darum, auch all die Dinge in deinen Brief zu schreiben, für die du der betreffenden Person dankbar bist. Es mag manch einen Menschen in deiner Vergangenheit geben, von dem du denkst, dass es wirklich gar nichts gibt, wofür du ihm dankbar sein könntest. In so einem Fall erinnere dich daran, dass egal wie schlimm, hart oder unfair manche deiner Erfahrungen waren, du doch immer etwas draus gelernt hast, freiwillig oder unfreiwillig. Gerade die negativen Erfahrungen haben dir gezeigt, wie du nicht sein möchtest, oder haben dich stärker gemacht.

Mein eigener Prozess des Loslassens

Ich selbst habe meine Eltern jahrelang verflucht, weil wir in meiner Kindheit so arm waren – bis ich verstanden habe, dass ich durch diese Erfahrung viel stärker, flexibler und smarter drauf war als viele der Kids, die in Wohlstand aufgewachsen sind. Allein die Erfahrung, dass jede Neuanschaffung in meiner Kindheit einem Großereignis gleichkam, hat mich demütiger gemacht als alle meine Kindheitsfreunde.

Ich war in meiner Kindheit auch böse auf meinem Vater, weil er sich nicht um uns kümmern konnte. Dass er nach der Flucht psychisch krank war, zählte für mich nicht. Ich wollte einfach einen Vater wie alle anderen Kinder auch. Stattdessen war da jemand, der manchmal selbst zum Kind mutierte.

Jahre später habe ich verstanden, dass ich solche Angst hatte, so zu werden wie er, dass ich automatisch einen inneren Sensor entwickelt habe, der mich später warnte, wenn ich Gefahr lief, mein Leben wegzuschmeißen.

Dank meinem Vater bin ich heute mit einem Frühwarnsystem ausgestattet, das mich rechtzeitig bemerken lässt, wenn ich mein Leben schleifen lasse.

Heute bin ich meinen Eltern dankbar für meine Kindheit, denn sie hat mich abgehärtet, und mich kann heute nur selten etwas aus der Bahn werfen. Und ja, ich bin auch meinem Vater dafür dankbar, dass er nie seine Vaterrolle erfüllen konnte, denn dies hat mir gezeigt, wie ich mein Leben nicht führen möchte.

Den anderen in die Verantwortung nehmen

Genauso wie ich die Dankbarkeit in den dunklen Stellen meiner Geschichte entdeckt habe, bitte ich dich nun, sie im Hinblick auf dein eigenes Leben und deine Bezugspersonen zu finden und niederzuschreiben. Und zwar jeweils direkt an die Person adressiert, die dich geprägt hat. Sag ihr, was dich verletzt hat, was dich geärgert hat und auch, wofür du dankbar bist. Nimm die Person in die volle Verantwortung – im Guten wie im Harten.

Willst du Verantwortung für dein eigenes Leben übernehmen, so musst du dasselbe auch anderen Menschen zutrauen.

Nachdem du deinen Brief geschrieben hast, kannst du ihn – falls es dir ein Anliegen ist – der betreffenden Person als Kopie zusenden, das Original bleibt bei dir. Solltest du die Person nicht erreichen können/wollen oder sollte sie nicht mehr unter uns weilen, so schmälert dies die Aufgabe keinesfalls.

Ich habe den Brief an meinen Vater auch erst verfasst, als er nicht mehr am Leben war. Der Übung hat es nicht geschadet, denn es geht darum, rauszubringen, was tief in dir drin schlummert, und dafür braucht es nur dich selbst.

Abschied

Egal ob du den Brief als Kopie verschickt hast oder nicht, nimm dir Zeit und lies dir die von dir geschriebenen Zeilen nochmals in Ruhe durch. Pro Brief nimm dir einen Tag Zeit, um dich von dem, was du geschrieben hast, zu lösen.

Was hilft, ist, wenn du den Brief laut vorliest, und zwar so, als würde die Person gerade vor dir sitzen. Es geht nicht darum, dass du virtuell in eine Diskussion reinschlitterst, sondern nur darum, dass du aussprichst, was dir auf dem Herzen liegt, und auch selbst hörst, wofür du dieser Person – trotz aller Hürden vielleicht – dankbar bist.

Dankbarkeit ist unsere Fähigkeit, das Gute zu erkennen und das, was uns Kraft gibt – auch in Bezug auf die Vergangenheit.

Diese Phase der Aufgabe ist zumeist die intensivste, weil wir zum ersten Mal aussprechen und selbst hören, was unser Herz die ganze Zeit mit sich trägt. Vielleicht beginnst du zu weinen, vielleicht wühlt dich das emotional auf und vielleicht brauchst du mehrere Anläufe. Egal, wie du es erlebst, es ist okay – da gibt's kein Richtig oder Falsch, sondern nur den Prozess des Verabschiedens.

Bist du fertig mit dem Lesen und spürst, dass du es dir von der Seele gesagt hast, kommt der wichtigste Punkt: zerreiß die Briefe, einen nach dem anderen, oder zünde sie an (bitte das an einem Platz machen, an dem kein Brand entstehen kann, das ist echt wichtig).

Wann immer ich diesen Prozess mit Menschen mache, deren Vergangenheit ihnen Fußfesseln anlegt, erlebe ich, wie sie diese Aufgabe zuerst argwöhnisch betrachten, sich vielleicht sogar erst einmal dagegen sträuben und versuchen, die Übung zu umgehen. Doch spätestens, wenn sie ihre Gedanken schwarz auf weiß vor sich sehen, sind sie emotional berührt. Berührt von ihrer eigenen Geschichte, berührt von den Dingen, die sie mit sich trägt und berührt davon, dass sie endlich die Erlaubnis haben, auszusprechen, was nicht mehr Teil ihrer Zukunft sein soll. Viele macht das erst einmal sehr still – still und vor allem dankbar. Häufig ist die Last, die von ihren Schultern fällt, fast greifbar zu spüren.

Gratuliere!

Weißt du, was ich richtig cool finde? Du hast gerade eine Übung absolviert, die viele Menschen sehr lange in ihrem Leben hinauszögern und noch mehr Menschen überhaupt nie machen, weil sie Angst davor haben, sich ihren innersten Verletzungen zu stellen. Du hast das gerade hinter dir.
Also echt jetzt, GRATULIERE!

Es gehört sehr viel Mut dazu, sich seinem Weg zu stellen und Teile der Vergangenheit hinter sich zu lassen. Doch schon als du zu diesem Buch gegriffen hast, hast du die ersten Schritte gesetzt und jetzt hast du dich deiner Vergangenheit gestellt. Nochmals, GRATULIERE! Das kann ich nicht oft genug sagen.

Du kannst dir gern selbst auf die Schultern klopfen, das war ein wichtiges Stück Arbeit.

Vergiss nicht, dich selbst zu feiern! Dein Wachstum entsteht durch das Gehen der harten Wege, die sich vor dir auftun.

Auch wenn es nicht einfach war, ich wette, jetzt fühlt sich einiges leichter an. Vielleicht nicht sofort, aber das kommt in den nächsten Tagen, hab Vertrauen in dich, dass du das alles jetzt verarbeitest und deine Zukunft jetzt Platz bekommt.

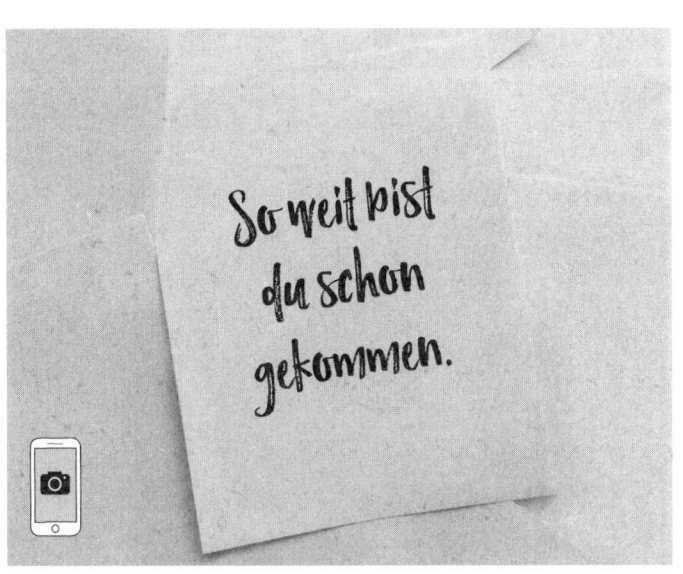

ACHTSAM DURCH DIE ABLENKUNGEN DER WELT

*»Das Glück deines Lebens hängt von der
Beschaffenheit deiner Gedanken ab.«*

MARC AUREL

So, lass jetzt die Vergangenheit Vergangenheit sein. Falls sie ab und zu wieder auftaucht, erinnere dich daran, dass du dich aktiv dafür entschieden hast, mit ihr abzuschließen. Hin und wieder kitzelt dich dein Unterbewusstsein vielleicht noch damit, doch davon lässt du dich jetzt nicht mehr beirren.

Dein Gehirn will dich schützen, deshalb wird es immer wieder versuchen, dich an Vergangenes zu erinnern.

Was hilft, die Stimme der Vergangenheit zum Schweigen zu bringen, ist das bewusste Wiederholen deines Vorhabens. Glaub mir, das funktioniert. Wenn du morgens aufwachst, trink ein Glas Wasser und dann – noch bevor du zum Handy greifst, das Radio einschaltest oder Zähne putzt –, wiederhole dein Vorhaben, so, wie wir es besprochen haben, sprich es laut und bewusst aus:

»Meine Vergangenheit ist nicht meine Zukunft. Ich entscheide mich dafür, meine Zukunft bewusst zu gestalten und dafür die Teile meiner Vergangenheit, die mich festhalten, loszulassen.«

Unser Gehirn braucht in der Regel sechs Wochen, bis es ein neues Muster übernommen hat. Das heißt, du musst dein Gehirn beständig trainieren, damit es dein Vorhaben verinnerlicht.

Bis dahin, das wirst du merken, durchkreuzt es deine Pläne sehr gern, indem es dich immer wieder auf alte Pfade zu lenken versucht. Das ist leider normal, weil dies nun mal die Pfade sind, die du jahrelang gegangen bist.

Das Gehirn tut nichts anderes, als das Bekannte abzurufen, auch wenn es sich dabei um wenig hilfreiche oder destruktive Angewohnheiten handelt.

LERNE, BEWUSST ZU HANDELN

Um all den Ablenkungen, die dich von deinem neuen Weg abbringen könnten, zu widerstehen, brauchst du die Fähigkeit, zu bemerken, ob du gerade automatisiert – also unbewusst – handelst. Achtsamkeit ist hier das zentrale Stichwort. Wenn du nicht achtsam bist, haben die Ablenkungen und deine alten Gewohnheiten leichtes Spiel. Daher sorge dafür, dass du dein Leben im Hier und Jetzt lebst, anstatt ständig im Autopiloten-Modus durch die Gegend zu laufen.

»Wenn das nur so einfach wäre!« denkst du jetzt vielleicht. Verstehe ich gut, in einer Welt, die so laut und ablenkend ist wie die unsere, sich seiner Handlung ganz bewusst zu sein, klingt nach Zen-Buddhismus. Und der ist meilenweit von dem entfernt, wie wir in der westlichen Welt leben.

Wie viel einfacher wäre das Leben, wenn wir so achtsam und zentriert wären wie Zen-Mönche. Leider ist die Lebenswirklichkeit von vielen meilenweit davon entfernt.

Doch es gibt einen Trick, eine kurze, einfache Übung, wie man schnell ins volle Bewusstsein kommt, und ich wünschte, ich hätte die Übung selbst schon früher gekannt. Mittlerweile habe ich sie mit tausenden Menschen praktiziert, denen sie geholfen hat, im Chaos der lauten Welt schnell runterzukommen und wieder ihren Fokus finden. Auch dir wird das mit dieser Übung gelingen, vertrau mir!

ÜBUNG: ALI – ATMEN. LÄCHELN. INNERLICHKEIT.

Die Übung, die ich dir jetzt zeige, besteht aus drei einfachen Schritten:

◇ Atmen
◇ Lächeln
◇ Innerlichkeit

Abgekürzt ALI – und nein, es ist keine Erfindung von mir, sondern ein jahrelang etabliertes Konzept, um in Stresssituationen schnell, einfach und effizient wieder Herr der Lage zu werden. Dass die Übung abgekürzt so heißt wie mein Vorname, ist zumeist ein lustiger Gag bei Coachings, doch vor allem ein einfacher Weg, um sich die Abläufe der Übung zu merken.

Diese drei Schritte – atmen, lächeln, Innerlichkeit – hören sich nicht besonders außergewöhnlich an und das sollen sie auch nicht sein. Es geht hierbei lediglich darum, dass du deinen Körper in einer Stresssituation wieder in seinen normalen Entspannungsmodus bringst, in dem du in aller Ruhe erkennen kannst, was gerade wichtig ist.

Eines gleich vorweg: Du musst diese Übung häufig praktizieren, damit dein Körper und dein Gehirn sich daran gewöhnen. Wenn du sie regelmäßig machst, dauert es zumeist keine halbe Minute, bis du entspannt bist und dich wieder fokussieren kannst.

Die Übung eignet sich für all die alltäglichen Situationen, die uns stressen und dazu führen, dass wir nicht mehr im Hier und Jetzt sind. Zum Beispiel:

◇ unser PC stürzt ab
◇ wir haben es eilig, und genau in diesem Moment springt die Ampel auf Rot

◇ unser Telefon läutet, wir sehen die Nummer eines unge-
liebten Kollegen am Display und bekommen einen
Schweißausbruch

◇ wir hetzen zur Bahn, und kurz bevor wir einsteigen wollen,
fährt sie uns vor der Nase weg

Meistens sind wir in solchen Situationen noch Minuten oder sogar Stunden danach verärgert, angespannt oder aufgewühlt, weil
wir überhastet, unüberlegt und häufig nicht zielführend gehandelt haben. Das liegt daran, dass wir in dem Moment, wo wir
den Stress gespürt haben, aus dem ersten Impuls heraus sofort
in den Ablenkungsmodus gewechselt sind, in dem überhöhte
Emotionen unser Handeln bestimmen und nicht das, was wir
wirklich wollen.

Die Ali-Übung holt dich in diesen Momenten in die Gegenwart zurück und hilft dir, bessere Entscheidungen zu treffen.
Fangen wir an:

1. Atmen

Bei Babys nach der Geburt lässt sich gut beobachten, wie sie
nach dem ersten Schrei sofort in den Bauch atmen. Dadurch
wird das Zwerchfell aktiviert, was wiederum die inneren Organe
massiert und auf diese Weise zur Beruhigung des Körpers beiträgt. Was bei Babys hervorragend klappt, funktioniert auch bei
dir – vielleicht hast du es nur vergessen. Wann immer eine stres-
sige Situation eintritt (du schreibst eine lange E-Mail, willst sie
verschicken und genau dann stürzt dein PC ab), halte inne und
atme tief ein. Allerdings nicht nur in den Brustkorb, sondern bis
tief in den Bauch hinunter. Die Bauchatmung hat dir bereits bei
der stressigsten Situation deines Lebens – deiner Geburt – geholfen, den Stress zu beherrschen.

Um sicherzustellen, dass du wirklich in den Bauch atmest,
lege beide Hände in Rautenform auf deinen Bauch, wobei die

sich berührenden Daumen in deinem Bauchnabel Halt finden und die sich berührenden Zeigefinger nach unten zeigen. Beim Einatmen drückst du deinen Bauch durch die offene Raute. Keine Sorge, auch wenn das anfangs etwas mühsam wirkt, nach wenigen Trainingseinheiten ist es für dich ganz normal. So wirst du zu deinem eigenen Resonanzkörper, dessen Fähigkeit zum entspannten Atmen sich immer mehr automatisiert.

2. Lächeln

Setze, nachdem du in den Bauch eingeatmet hast, dein schönstes Lächeln auf. Was dir in einer Stresssituation vielleicht absurd vorkommt, hat eine verblüffende Wirkung. Mithilfe deiner Gesichtsmuskulatur signalisierst du deinem Gehirn, dass gerade etwas Witziges oder Entspannendes passiert sein muss. Denn dieselben Teile der Gesichtsmuskulatur, die aktiviert werden, wenn wirklich etwas Lustiges passiert, können vice versa auch dem Gehirn zurückspielen, dass etwas Schönes passiert ist. Da das Gehirn den Unterschied, ob real passiert oder nur gefakt, nicht merkt, schüttet es in beiden Situationen die gleichen Glücks- und Entspannungshormone aus. Also setzen wir durch das Lächeln einen Prozess in Gang, der normalerweise abläuft, wenn es uns gut geht oder etwas Erfreuliches passiert ist.

3. Innerlichkeit

Während du nun gleichzeitig tief eingeatmet hast und lächelst, lasse die Situation auf dich wirken und zähle dabei innerlich langsam bis fünf.

Danach atme lustvoll und bewusst aus. In etwa so, als wäre dir etwas gelungen und du wärst zufrieden, dass es geklappt hat.

Während du das machst, lass deine Hände locker nach unten hängen, damit dein Oberkörper so richtig entspannen kann, und verharre einen langen Augenblick.

Kannst du es spüren? Bist du innerlich etwas ruhiger?
Wiederhole die Übung gleich noch einmal:

DIE ALI-ÜBUNG IN KURZFORM

◇ Atme in den Bauch.

◇ Halte die Luft an und lächle, damit kannst du dein
Gehirn austricksen.

◇ Halte diese Position ungefähr drei bis fünf Sekunden
und dann atme lustvoll und locker aus.

◇ Spüre kurz in dich hinein und genieß den Moment.

Wenn du die ALI-Übung regelmäßig praktizierst, wirkt sie in
stressigen Situationen nach wenigen Sekunden und kann Stress-
trigger dämpfen, die normalerweise deine täglichen Begleiter sind.

Mit der Zeit wirst du merken, dass du nicht nur in Stresssituationen, sondern auch ganz allgemein deine Umgebung und
dich selbst ruhiger und achtsamer betrachtest. So wirst du dir
zum Beispiel viel bewusster selbst beim Reden zuhören und feststellen, wie du all die Glaubenssätze, die dich innerlich blockieren, selbst tagtäglich verwendest.

Viele Menschen, denen ich diese Übung zeige, melden sich
Wochen später bei mir und berichten, dass ihnen jetzt erst aufgefallen ist, welche destruktiven
Sichtweisen und Gedanken Teil   *Zu merken, dass wir Gast im*
ihres Sprachgebrauchs sind.   *Gefängnis unserer Gedanken sind,*

Wenn du das bei dir auch   *ist der erste Schritt zur Freiheit.*
feststellst, geht es nicht darum,
alles gleich zu ändern, denn wenn du überhaupt erst mal wahr-
nimmst, welche Gedanken und Überzeugungen dich wirklich
leiten, hast du den wichtigsten Schritt schon getan: Erkannt,

welcher Teil von dir destruktiv ist, damit du dich nach und nach davon lösen kannst.

Die Erfahrung zeigt, dass allein das Bewusstsein für negative Gedanken oder Worte eine Verbesserung unseres Gemütszustandes mit sich bringt, da wir uns selbst immer öfter dabei ertappen, wie wir uns negativ manipulieren.

Auch wenn diese Übung erst einmal sehr ungewohnt ist, so hat sich in der Praxis gezeigt, wie hoch effektiv sie ist. Aufgrund ihrer Einfachheit und Nachvollziehbarkeit lässt sie sich im privaten Umfeld ebenso wie am Arbeitsplatz problemlos umsetzen. Darum: Wann immer du das Gefühl hast, nicht ganz bei dir zu sein, nimm dir die Zeit, zieh dich kurz zurück und atme, lächle und übe dich in Innerlichkeit.

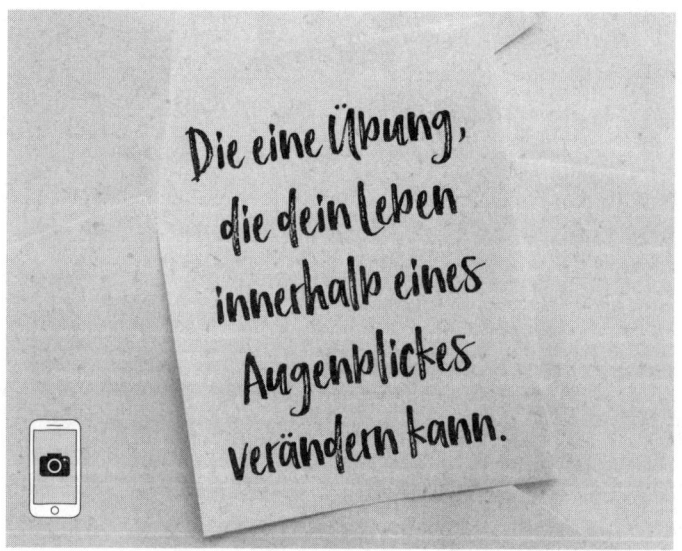

Die eine Übung, die dein Leben innerhalb eines Augenblickes verändern kann.

DEN FOKUS HALTEN

»Ungewissheit, Ärger und Stolz können mit
Konzentration bekämpft werden«

DALAI LAMA

Es ist wichtig, dass du auf deiner Reise zu dir selbst
den Fokus hältst. Mit Fokus meine ich dein Bewusstsein, zu was
du fähig bist und was dich ausmacht. Wenn du zu jeder Zeit
weißt, wer du sein willst und was dich ausmacht, brauchst du
keine Willensstärke, um du selbst zu sein – du bist es einfach,
mit jeder Zelle deines Körpers.

Nun, was macht mich aus, wirst du dich fragen?

Ich kann dir eines verraten, es sind nicht (nur) deine Skills
und deine Stationen in dem Lebenslauf, den du bei Bewerbun-
gen mitschickst, sondern noch
mehr das, was genau da nicht *Wer denkt, dass ein CV das Poten-*
draufsteht. *zial eines Menschen widerspiegelt,*

Es sind die Hürden, die du *der denkt auch, dass eine Visiten-*
in deinem Leben bereits über- *karte wichtiger ist als ein echtes*
wunden hast und die dich haben *Gespräch.*
wachsen lassen. Hürden, bei de-
nen du manchmal dachtest, dass du daran zerbrechen könntest,
die du aber nicht nur »überlebt«, sondern gemeistert hast, um
dann selbst Herr der Situation zu werden.

Ich wette zum Beispiel, dass dir schon einmal das Herz gebrochen wurde – vielleicht sogar schon öfter. Und sicher hattest du auch schon Tage, wo du dich gefragt hast, wie es morgen
wohl weitergehen soll. Tage, an denen es schien, als hätte sich die
ganze Welt gegen dich verschworen.

Wir alle haben und hatten diese Tage, und stehen doch noch immer. Das ist eine Leistung.

Erinnere dich an Augenblicke deines Lebens, die dir vielleicht Angst gemacht haben, dir den Schweiß der Ungewissheit über den Rücken haben laufen lassen und wo alles aussichtslos erschien. Vielleicht war es eine wichtige Prüfung, vielleicht ein Schicksalsschlag in deinem Leben – was immer es auch war, du hast es überwunden und das Geschehene ist heute nur noch eine Erinnerung. Du bist also nicht daran zerbrochen, sondern du hast es geschafft, es zu überleben.

Es gibt keine Probleme, es gibt nur Herausforderungen – wer sich diese Sichtweise zu eigen macht, den kann nichts mehr umhauen.

Erfolgreiche Menschen haben oft gemeinsam, dass sie gelernt haben, die Widerstände, die sich ihnen in den Weg stellen, als Trainingseinheiten des Lebens zu betrachten, die sie nicht nur erfahrener, sondern auch stärker machen.

Das Leben gibt uns immer die Hürden und Widerstände, für die wir bereit sind. Das ist auch der Grund, warum mit zunehmendem Erfolg im Leben die Herausforderungen nicht kleiner, sondern tendenziell größer werden.

Erfolgreiche Menschen arbeiten darauf hin, dass sie sich den großen Widerständen des Lebens stellen dürfen.

Interessenterweise haben uns die Werbung, Hollywood und der innere Schweinehund immer erzählt, dass das Leben leichter werde, wenn man »mehr« erreicht hat und erfolgreicher wird. Ja, es wird sicher komfortabler, doch damit wachsen auch die Fähigkeiten, sich größeren Widerständen zu stellen.

Du glaubst mir nicht? Dann denk mal daran, als du zuletzt im Fitnesscenter warst oder dich sonstwie sportlich betätigt hast. (Falls du zu den Menschen gehören solltest, die Fitness als Fremdwort und Sport als Selbstgeißelung verstehen, denk an einen Freund oder einen Bekannten, der gerne Sport macht.) Jeder Sportler weiß, dass Muskeln nur mit Training wachsen, und zwar so lange, wie der Reiz des Trainings unseren Muskel herausfordert.

Stell dir vor, du gehst in ein Fitnesscenter und da steht so ein muskelbepackter Typ, der locker 100 Kilo stemmt. »Wow, der ist stark«, wirst du dir denken. Und du hast recht. Das ist eine ganz schöne Leistung. Doch diese Leistung wurde diesem Menschen nicht bei der Geburt geschenkt.

Sehr viel wahrscheinlicher ist, dass der Muskelprotz mit 5 Kilo begonnen hat und dann – als er diese locker stemmen konnte – *absichtlich* das Gewicht erhöht hat, also den Widerstand mit

Es ist noch kein Meister vom Himmel gefallen heißt auch: Fang klein an, steigere dich und bleib dran. Egal, was es ist, so kommst du ans Ziel.

voller Absicht nach oben gedreht hat. 10 Kilo, dann 20 und als er auch diese eher einfach meistern konnte, hat er weitergemacht und noch mehr Gewicht draufgelegt.

Wenn du also jemanden siehst, der locker 100 Kilo stemmt, dann denk daran, dass sich diese Person bewusst dem Schmerz und den Herausforderungen gestellt hat, weil dies der einzige Weg war, um stärker zu werden.

Und was für unseren Körper gilt, gilt auch für unseren Geist: dass wir mit den Herausforderungen des Lebens unseren Lebensmuskel wachsen lassen, sofern wir bereit sind, aus dem, was uns widerfährt, zu lernen. Wir kennen das auch unter dem Begriff Lebenserfahrung.

Technisch gesehen bist du die Summe deiner Lebenserfahrungen, also die Summe der Dinge, die du in deiner Vergangenheit erlebt und gelernt hast.

Gehe zurück in deiner Geschichte und betrachte dein Leben anhand der Summe der Erfahrungen, die dich emotional berührt haben. Das können wunderbare Erfahrungen sein oder eben auch schmerzhafte – es geht nicht darum, ob diese Dinge, die geschehen sind, gut oder schlecht sind, sondern nur darum, was du für dich daraus lernst.

IMPULS: Wachstum deines Lebensmuskels

Schnapp dir ein Blatt Papier und notiere dir spontan drei Ereignisse, die dein Leben geprägt haben. Denk darüber nach, was dich diese Ereignisse gelehrt haben. Welche Lehren hast du daraus gezogen, was hast du erfahren, was du vorher nicht wusstest, und – vor allem – wie haben sie deine Sichtweise auf das Leben verändert? Notier dir zu jedem dieser Ereignisse auch, was du heute machen würdest, wenn du noch mal in derselben Situation wärst.

Vielleicht fällt dir auf, dass du die Dinge heute anders machen würdest, oder auch, dass du es genauso wieder tun würdest. Würdest du es heute anders machen, so hat dir das Ereignis eine andere Sichtweise geschenkt. Würdest du es genauso wieder machen, dann hat dir das Ereignis gezeigt, wo du in deinem Leben schon auf dem richtigen Weg bist.

Es stimmt schon, wenn Menschen sagen, dass es im Leben immer darum geht, wie wir die Dinge, die uns widerfahren, für uns selbst beurteilen. Wenn wir das verstanden haben, können wir selbst bestimmen, wie viel Macht ein Ereignis über uns, unser Leben und unser Handeln hat.

Egal, was dir widerfährt im Leben – du selbst entscheidest, ob du an der Erfahrung wächst oder zerbrichst.

Während der eine einen Jobverlust auch zehn Jahre später noch als die größte Kränkung seines Lebens mit sich herumträgt, lebt ein anderer, der dasselbe erlebt hat, vielleicht nur ein Jahr mit dieser Kränkung und sieht sie dann als Chance für einen Neuanfang und dafür, endlich das zu tun, was er schon immer tun wollte. Die Geschichte von Janette, die ich dir im nächsten Kapitel erzähle, ist ein wunderbares Beispiel dafür.

DEIN NACHRUF – EINE LAUDATIO AUF DEIN BESTES LEBEN

»Was für ein herrliches Leben hatte ich!
Ich wünschte nur, ich hätte es früher bemerkt!«

COLETTE

Es war ein schöner Sommertag, als ich in einem kleinen Café um die Ecke bei meinem Büro saß und auf meine damalige Freundin – heute Frau – wartete. Ich setzte mich in den Gastgarten in eine sonnige Sitzecke, an deren Ende nur eine Frau saß. Während ich noch in der Frühstückskarte schmökerte, drehte sich die Frau zu mir um und fragte: »Du bist doch Ali, oder?«

Sie bemerkte meine Irritation, lachte und sagte: »Ich bin Janette, du wirst dich vielleicht nicht mehr an mich erinnern. Du warst letzten Herbst bei unserer Firmenleitungsklausur und hast die zweite Tageshälfte mit uns gearbeitet.«

Jetzt erinnerte ich mich wieder. Stimmt, ich war den Herbst zuvor bei einem der größten Modelabels Europas für einen Vortrag geholt worden und hatte dann spontan den halben Tag mit einer Gruppe von Führungskräften aus dem HR-Bereich, also der Personalabteilung, gearbeitet.

Als mir der Event wieder einfiel, erinnerte ich mich auch an das Gespräch mit Janette. Wir hatten zuvor die Biografie-Übung gemacht, bei der ich die Teilnehmer bitte, ihren eigenen Nachruf zu schreiben. Sie sollen sich überlegen, auf welches Leben sie zurückblicken möchten, und auch, was es sein soll, an das Menschen sich erinnern, wenn sie an sie denken.

Aus der Erfahrung heraus sind die meisten Teilnehmer anfangs mit der Aufgabe überfordert, zwingt diese sie doch dazu, sich eine grundlegende Frage zu stellen: Was will ich mit meiner Lebenszeit anfangen? Zudem merken sie bei dieser Übung, was sie bereuen würden, und auch, wie endlich ihr Leben ist. Nach der Übung sind die Menschen nachdenklich und zeitgleich sehr berührt, da sie sich selbst daran erinnert haben, was ihnen wichtig ist.

Wenn du ein Vorbild für andere sein willst, prüfe bei allem, was du tust, ob du wirklich dazu stehst.

Janette hatte mich damals in einer Pause auf die Seite gezogen und mir erzählt, dass ihr während der Übung bewusst geworden war, dass sie immer ein Vorbild für ihre Kinder sein wolle. Wenn ihre beiden Töchter eines Tages über sie sprächen, sollten sie sagen, dass ihre Mutter ein Vorbild für Mut und den Glauben an sich selbst war.

Sie hatte mich gefragt, wie man ein gutes Vorbild wird, und gehofft, dass ich eine Anleitung parat hätte. Ich hatte geantwortet, dass sie nicht auf Teufel komm raus versuchen solle, ein Vorbild zu sein, denn das wäre nicht authentisch und würde sie selbst unter Druck setzen. Eher sollte sie darauf achten, ob sie selbst mit ihren Entscheidungen leben könne und damit im Einklang sei oder ob sie diese aus den falschen Gründen träfe.

Am Ende hatte ich ihr gesagt, dass uns das Leben sehr oft Bälle zuwirft, die wir zu jonglieren haben, und authentische Menschen für sich wissen, welche Bälle sie in der Luft halten wollen und welche sie getrost fallen lassen können. Diese Antwort, daran erinnerte ich mich wieder, hatte mehr Fragezeichen als Lösungen in Janettes Gesicht geschrieben.

»Ich wollte dir sagen, dass ich erst Anfang des Jahres verstanden habe, was du damals meintest.« Janette holte mich aus der Erinnerung an unser erstes Gespräch wieder in den Gastgarten des Cafés zurück. Bevor ich fragen konnte, was sie damit meinte, fing sie an zu erzählen.

Janette, die Personalleiterin der Herzen

»Ich habe Anfang des Jahres meinen Job verloren. Unser europäisches Headquarter hatte ein schlechtes Jahr und musste beim mittleren Management Einsparungen vornehmen. Und da traf es auch mich. Ich war über zwölf Jahre in dem Unternehmen und dann wurde ich – so wie viele meiner Kollegen – von heute auf morgen freigestellt.

Die ersten Monate nach der Kündigung waren die schlimmste Zeit meines Berufslebens. Ich fühlte mich wie eine Versagerin. Meine berufliche Stellung war mir wichtiger, als ich es zugeben wollte. Ich fühlte mich wie ein Stück Dreck, das nichts konnte, niemand war und jetzt aussortiert wurde. Nach der ersten Zeit der Orientierungslosigkeit bemerkte ich, wie sehr meine Töchter sich um mich sorgten. Sie sahen eine Mutter, die aufgrund einer beruflichen Krise drauf und dran war, in eine Lebenskrise zu rutschen.«

Janette machte eine kurze Pause.

»Dann fiel mir unser Gespräch ein, dein Satz, dass uns das Leben Bälle zum Jonglieren hinwirft. Ich wusste, jetzt war die Zeit zu entscheiden, welche Bälle ich jonglieren lernen und welche ich hinter mir lassen wollte.«

Janettes Körperhaltung straffte sich, als sie sichtlich stolz fortfuhr:

»Ich habe fast mein ganzes Leben lang im Personalbereich großer Konzerne gearbeitet und mir wiederholt die Frage gestellt, warum diese nicht menschlicher agieren. Ich habe es immer schon als Fehler gesehen, dass HR für Human Resources steht, und war mit der Zeit zunehmend frustrierter, weil der Mensch so selten im Mittelpunkt steht. Eigentlich hatte ich mich ja deshalb im Studium für diesen Bereich entschieden.

Mit den Jahren und dem zunehmenden Frust hatte ich irgendwann akzeptiert, dass es nun mal so war, und aufgehört, den Job aus den ursprünglichen Gründen zu machen: Menschen zu begleiten, zu wachsen.«

Mittlerweile sprach Janette immer schneller, sie überschlug sich fast vor Begeisterung.

»Nachdem ich den ersten Frust meiner Kündigung überwunden hatte, sortierte ich mich neu und fragte mich, was ich jetzt tun könnte, das sich authentisch anfühlt und von dem meine Kinder lernen könnten? Mit einem Schlag war mir alles klar. In all den Jahren im Konzern hatte ich die externen Berater beneidet, die wir ab und an engagierten, wenn wir Trainings im Bereich Persönlichkeitsentwicklung evaluierten. Diese Trainings waren genau das, was ich immer machen wollte, doch in der Regel fanden sie bei uns nicht statt, da uns meist das Budget dafür verweigert wurde. Ich habe mich in den letzten Jahren in meiner Freizeit sehr viel mit diesen Dingen auseinandergesetzt und war immer frustriert, dass dies bei uns im Unternehmen keinen Platz hatte.«

»Jetzt bin ich selbstständige Unternehmensberaterin im HR-Bereich bei einem kleinen, feinen Unternehmen mit Schwerpunkt Persönlichkeitsentwicklung für Führungskräfte. Ich hatte immer Angst vor der Selbstständigkeit gehabt, doch in den Monaten nach meiner Kündigung wurde mir klar, dass ich etwas anderes machen musste – etwas, wo ich mehr ich selbst sein konnte. Und ich wollte vor meinen Töchtern zeigen, wie ihre Mutter mit Rückschlägen umgeht. Aufgrund meiner ehemaligen Kontakte aus dem alten Job habe ich mittlerweile genug Aufträge und verdiene fast so viel wie zuvor.«

Jetzt strahlte sie übers ganze Gesicht.

»Und weißt du, warum ich das mache? Ich will, dass HR nicht mehr Human Resources genannt wird, sondern Heart Rate, also »Herzschlag«. Die Mitarbeiter sind nun mal der Herzschlag eines Unternehmens und meine Aufgabe ist es, dass die Unternehmen sich wieder entsprechend verhalten.«

Die Geschichte von Janette ist ein Beispiel von vielen für jemanden, der sich in einer Krisensituation oder an einer Weggabelung nicht vom Geschehen hat unterkriegen lassen, sondern im Gegenteil diesen Rückschlag oder diese Phase als Turbo verwendet hat, um die eigene Flugbahn zu korrigieren und seine

Zukunft selbst zu schreiben. Im Moment ihrer tiefsten beruflichen Krise hat sie sich an ihren Nachruf erinnert und daran, dass sie ihren Kindern als Vorbild für ein mutiges Leben in Erinnerung bleiben will. Das hat ihr die nötige Kraft und Stärke gegeben.

Und was Janette und vielen anderen Menschen in solch einer Situation geholfen hat, das hilft vielleicht auch dir.

DEIN EIGENER NACHRUF

Auch, wenn dies etwas schwierig ist – du weißt, was jetzt kommt... Stell dir vor, du bist gestorben und es ist der Tag deines Begräbnisses. Viele, viele Menschen, die dein Leben begleitet haben und die dir nahestanden, sind da. Sie sind da, um dich auf deiner letzten Reise zu begleiten.

Hast du einen besten Kumpel, eine beste Freundin oder einen Menschen, der ungefähr so alt ist wie du oder jünger, dem du sehr vertraust? Dann stell dir vor, wie diese Person, nachdem sich alle um dein Grab versammelt haben, an ein Pult tritt und sich das Mikrofon richtet. Ja, es sind so viele Menschen, die Abschied von dir nehmen möchten, dass man ein Mikrofon braucht, damit alle die Redner hören können.

Was jetzt folgt, ist eine Rede auf dich, dein Nachruf. Aus dem Mund eines Menschen, der dich gut gekannt hat, der dich begleitet hat und der nun im Namen aller deine Verabschiedung einleitet. Es geht nun um dein Leben und dein Wirken hier auf dieser Erde. Worte, die dein Leben nochmals Revue passieren lassen und die unter die Haut gehen. Bei dieser Rede wird viel gelacht, es wird geweint und manchmal einfach nur in Stille innegehalten, damit das Gesagte wirken kann.

IMPULS: Schreibe deinen Nachruf

Ob du willst oder nicht, Menschen werden sich an dich erinnern, wenn du gestorben bist. Die Frage ist nur, wie? Was werden sie sich über dich erzählen, wenn du einmal nicht mehr da bist? Nimm dir einen Stift und Papier und zieh dich an einen Ort zurück, an dem du ungestört bist, und schreibe die Worte nieder, von denen du willst, dass sie die Geschichte deines Lebens erzählen.

Tob dich aus, sei frech, sei kreativ, sei frei. Und denk nicht daran, was bisher war, sondern stell dir lieber vor, was in deinem Leben noch alles kommt, das es wert ist, im Nachruf Erwähnung zu finden. Schreib das, was du dir wünschst – nur keine falsche Scham. Lob dich selbst für all das, was du dieser Welt hinterlassen willst.

Falls du etwas Inspiration brauchst, fange den Nachruf an mit »(Vorname) war immer bekannt für ...« und beende ihn mit »Wenn es eine Sache gibt, die ich von (Vorname) fürs Leben gelernt habe, dann ist das ...«.

Wie fühlst du dich? Ist es nicht komisch, wenn man das erste Mal eine Art Wunschbrief über das eigene Leben zu Papier bringt? Vielleicht sind dir die Tränen gekommen, vielleicht bekamst du Angst, weil du die Endlichkeit deines Lebens gespürt hast.

Nach meiner Erfahrung zeigt sich nach der ersten Ernüchterung eine große innere Freude. Freude, weil man merkt, wie befreiend und motivierend es sein kann, sich vom Leben die eigene Geschichte zu wünschen.

Ich mache diese Übung jedes Jahr zu meinem Geburtstag, um zu sehen, ob ich noch das tue, was ich will, oder ob ich von meinem Weg abgekommen bin. Es hilft mir, bei großen Entscheidungen immer den zuletzt geschriebenen Brief durchzulesen und mich zu fragen, ob ich im Rückblick mit der anstehenden Entscheidung und ihrem Einfluss auf mein Dasein zufrieden wäre oder nicht. Wenn ich merke, dass sich mir bei der Vorstellung die Nackenhaare aufstellen, weiß ich, dass die Entscheidung für mich falsch ist und ich sie überdenken muss.

Den eigenen Nachruf zu schreiben ist eine der transformierendsten Übungen, die ich kenne. Probiere es aus!

Wenn ich diese Übung in meinen Seminaren mache, bekomme ich danach regelmäßig E-Mails von Teilnehmern, die mir erzählen, was das Schreiben des eigenen Nachrufs in ihnen ausgelöst hat. Entweder haben sie danach die Beziehungen in ihrem Leben wieder mehr zu schätzen gelernt oder sie haben ihren Beruf hinterfragt oder sie haben sich bewusst Zeit genommen, um über ihr Leben nachzudenken und was sie verändern wollen.

VERTRAUEN INS LEBEN

»Vertraue nur dir selbst, wenn andere an dir zweifeln,
aber nimm ihnen ihre Zweifel nicht übel.«

JOSEPH RUDYARD KIPLING

Bevor wir uns mit deinen Träumen, deinen Sinnquellen und deinen Vorbildern beschäftigen, will ich über etwas mit dir sprechen, dass fast noch wichtiger ist als dein Wofür – nämlich dein Vertrauen. Wenn du auf deiner Lebensreise kein Vertrauen in dich selbst und das Leben hast, hilft dir das beste Wofür nicht weiterzumachen, wenn es mal nicht gut läuft.

Verwechsele die Selbstinszenierung im Netz nicht mit echtem Selbstvertrauen. Beide haben nichts miteinander zu tun.

Ich spreche diesen Punkt an, weil wir Menschen heute häufig ein Problem damit haben, zu vertrauen. Besonders in uns selbst. Ich meine hier nicht das überzogene Selbstvertrauen, mit dem wir Selfies in den sozialen Netzwerken posten, sondern ein inneres Vertrauen, dass das, was wir tun und wie wir es tun, gut genug ist.

Mangelndes Vertrauen in uns selbst bringt uns nicht selten dazu, dem Wofür anderer Menschen zu folgen. Anstatt von unserem eigenen Weg überzeugt zu sein und zu wissen, dass er genauso seine Daseinsberechtigung hat wie der anderer Menschen, verleugnen wir uns selbst und gehen vermeintlich auf Nummer sicher, indem wir anderen auf ihrer Mission folgen.

Eine Zeit lang mag das okay sein, um zu lernen und zu wachsen, doch wenn du deinen eigenen Lebensweg gehen und dein persönliches Wofür finden willst, brauchst du Vertrauen in dich und dein Leben mit all seinen Unwägbarkeiten.

In meiner Arbeit treffe ich immer wieder Menschen, die von sich sagen, dass sie nun mal Planungsmenschen seien und für alles eine Roadmap brauchen, da sie mit den Wechselfällen des Lebens und seinen Unplanbarkeiten nicht umgehen können. Häufig wollen diese Menschen einen Plan in den Händen halten, weil sie sich selbst und ihrer Fähigkeit, auf die Zufälle unseres Daseins angemessen zu reagieren, nicht vertrauen – womit wir wieder beim Thema Selbstvertrauen wären.

Die DNA unseres Lebens besteht aus Zufällen.

Falls du zur selben Gattung Mensch gehörst, lass mich dir etwas über dein Leben erzählen. Eigentlich erinnere ich dich nur an etwas, das du vergessen oder verdrängt hast, und zwar, woraus die DNA deines Lebens in Wahrheit besteht.

MIT ZUFÄLLEN UMGEHEN LERNEN

Wenn du dein Leben und das deiner Freunde betrachtest, dann wirst du zugeben müssen, dass es bereits mit einem Zufall begonnen hat. Schließlich hat dir niemand vor deiner Geburt ein Wunschformular hingelegt, auf dem du hättest ankreuzen können, wie und wo dein Leben beginnen soll. Auch deine Hautfarbe, deine Haarfarbe, deine Herkunft, dein Geschlecht und deinen Vornamen hast du dir nicht ausgesucht.

Unterschätze niemals den Zufall, denn dieser schlägt jede Planung – trotzdem sind beide gute Freunde.

Nicht anders ist es, wenn du an das Ende deines Lebens denkst, auch hier führt der Zufall Regie. Schließlich hast du – ebenso wie wir alle – keinen Schimmer, wie alt du wirst.

Ich möchte 113 Jahre alt werden (kein Scherz), doch natürlich weiß ich, ich kann morgen einen Autounfall haben und das ganze Spektakel ist vorbei.

Worauf ich hinauswill, ist, dass das Leben vom Anfang bis zum Ende durch Zufälle bestimmt wird – auch wenn wir immer wieder meinen, wir könnten Pläne für die nächsten zehn bis fünfzig Jahre machen.

Wie gern würden wir Liebe planen können

Wenn wir es uns recht überlegen, wird sehr viel mehr in unserem Leben durch den Zufall bestimmt als unsere Geburt und unser Tod. Zum Beispiel sind die Menschen, die heute unser soziales Fundament bilden – der beste Freund, die Lebenspartnerin, der Ehemann oder auch der Lieblingsarbeitskollege – irgendwann einmal Fremde gewesen, die zufällig in unser Leben getreten sind.

Kein Mensch hat seinen Traumpartner geplant an einem Freitag den soundsovielten um 21.15 Uhr kennengelernt und dann exakt fünfeinhalb Jahre später geheiratet.

Obwohl die Scheidungsraten hoch sind, lassen sich viele Menschen voller Zuversicht auf ein gemeinsames Leben voller Zufälle ein.

Was uns das sagen soll? Wir Menschen haben keine andere Wahl, als uns auf die Unvorhersehbarkeit des Lebens einlassen.

Bleiben wir noch mal bei dem Beispiel, wie wir unserem Traumpartner oder unserem späteren besten Freund begegnet sind. Gut möglich, dass uns diese Person von Anfang an sympathisch war, doch höchstwahrscheinlich hatten wir da noch keine Ahnung, welche Rolle dieser Mensch in unserem Leben einmal einnehmen würde. Trotzdem waren wir bereit, unsere Vorurteile, Annahmen und Befürchtungen für eine Weile zurückzustellen, um die andere Person wirklich kennenzulernen. Und obwohl es sicher ab und an Reibereien gab, weil verschiedene Denkmuster aufeinanderprallten, sind wir drangeblieben und haben diesem Zufall unseres Lebens eine Chance gegeben. Dieses Vertrauen in den anderen Menschen und in uns selbst hat dann mit der Zeit dazu geführt, dass aus zwei Ichs ein Wir wurde, in dem jeder Wege, Kreuzungen, Möglichkeiten und Lösungen entdeckt hat, die er für sich allein nie gefunden hätte.

Einige Jahre später sitzen wir dann mit der eigenen Ehefrau, dem Lieblingskollegen oder dem besten Freund zusammen und sagen: »Hättest du gedacht, was daraus wird, als wir uns damals zufällig kennenlernten?«

Den Zufall willkommen heißen

Wir Menschen haben jeden Tag mit den Zufällen des Lebens zu tun und auch du hast schon oft genug bewiesen, dass sie Teil deines Lebens sind und dich und dein Umfeld geformt haben. Und dennoch ist es so, dass wir manchmal, wenn wir an die Entscheidungen denken, die vor uns liegen, und die unbekannten Wege, die wir gehen müssen, das Vertrauen in unsere Fähigkeit verlieren, angemessen damit umzugehen. Willst du wissen, wie sehr der Zufall des Lebens auf deiner Seite ist?

IMPULS: Dem Zufall vertrauen

Mache eine Liste mit deinen drei besten Freunden oder Personen, die nicht mit dir verwandt, dir jedoch sehr wichtig sind. Und jetzt denk daran zurück, wie »zufällig« du diese Menschen kennengelernt hast. Denk daran, was passiert wäre, wenn du an dem Tag eures Kennenlernens einfach zu Hause geblieben wärst.

Siehst du? Der Zufall ist auf deiner Seite und diese Menschen sind heute Teil deines Lebens.

DIE WELT, IN DER DU LEBEN WILLST

>»Vision ist die Kunst, unsichtbare Dinge zu sehen.«
>JONATHAN SWIFT

Stell dir vor, du gehst mit einem Freund die Straße entlang und er zeigt dir ganz begeistert ein Haus, das er schön findet. Er zeigt nicht nur mit dem Finger darauf, sondern sein ganzes Gesicht schreit: »Wie cool ist das denn!« Du hingegen denkst dir: »Das ist das hässlichste Haus, das ich jemals gesehen habe.« Nun, wer hat hier recht?

Das Beispiel kommt dir vielleicht bekannt vor, denn wir erleben oft, dass unser Geschmack sich nicht mit dem unseres Umfelds deckt. Nicht nur wenn es darum geht, was ein schönes oder hässliches Haus ist, sondern auch im Hinblick darauf, wie die Welt allgemein sein sollte. Was macht eine gute Erziehung aus,

Wir denken, dass die Welt so ist, wie wir sie sehen. Das Problem ist, dass dies auch acht Milliarden andere Menschen denken.

welche Partei ist die beste und welche Religion hat nicht mehr alle Tassen im Schrank? Welche Musikrichtung hören coole Menschen und wie sieht der ideale Urlaub aus? Bei all diesen Themen haben wir eine Meinung und die unterscheidet sich manchmal erheblich von der der Menschen, die uns umgeben – auch wenn sie uns nahestehen und schon lange begleiten.

Warum das so ist? Die Erklärung dafür klingt so simpel, dass sie in ihrer Tragweite und Bedeutung leicht unterschätzt wird: Wir alle sind die Summe unserer Erfahrungen, also von all dem, was wir gehört, gesehen, gelernt und als angenehm beziehungsweise als unangenehm empfunden haben. Und davon leiten wir ab, was wir mögen und nicht mögen und wie eine ideale Welt aussehen sollte. Es ist gut, sich das immer wieder klar zu machen, damit wir verstehen, dass unser Gegenüber die Dinge anders sieht als wir selbst.

Jeder Mensch ist eine Insel und je mehr wir Brücken zu anderen Inseln bauen, umso mehr erkennen wir die Schönheit der gesamten Landschaft.

WENN DU EINEN ZAUBERSTAB HÄTTEST ...

Nun bitte ich dich, etwas größer zu denken. Frage dich nicht nur, was ein schönes Auto ist, was es zum Abendessen geben soll oder welche Musik in Aufzügen gespielt werden sollte, sondern in welcher Welt du gerne leben würdest.

Ich meine das ernst: Wenn du einen Zauberstab hättest, was für eine Welt würdest du erschaffen? Es ist klar, dass sich alle eine bessere Welt wünschen, doch was bedeutet das konkret für dich?

In meinem Fall ist es eine Welt, in der jeder Mensch – unabhängig von Alter, Geschlecht, Religion, Herkunft, Hautfarbe, körperlichen und geistigen Fähigkeiten und sexueller Orientierung – die Möglichkeit hat, zu entdecken, was im Leben für ihn möglich ist. Aber das ist eben meine Vision, deine sieht vielleicht ganz anders aus.

Ja, die Welt ist immer das, was wir von ihr denken. Auch wenn diese Feststellung merkwürdig klingt, sind sich doch alle erfolgreichen Menschen darin einig.

Es gibt so viele Ideen und Ideale, wie es Menschen gibt. Gerald zum Beispiel, ein Projektleiter aus Mittelhessen, erzählte mir in einem Coaching, dass er sich eine Welt wünscht, in der Jung und Alt gemeinsam an einem Tisch sitzen und voneinander lernen.

Gerald, der Vermittler zwischen den Generationen

Gerald hatte als Kind das Glück, mit seinen Großeltern im selben Haus zu wohnen, wodurch er sehr viel über die Geschichte und das Leben gelernt hat.

Viel später, in seinem Job als Projektleiter in einem IT-Unternehmen, arbeitete er häufig mit Azubis zusammen. Er merkte, dass ihnen oft die Ruhe und die Geduld fehlten. Zwar waren sie technisch irre versiert, doch mit der zwischenmenschlichen Kommunikation hatten sie Probleme. Gerald wurde bewusst, dass dieser Generation eine Sache fehlte, mit der er aufgewachsen war: die Gespräche mit Erwachsenen und älteren Menschen.

So entstand in ihm die Vision von einer Welt, in der Jung und Alt voneinander lernen, und zwar auf Augenhöhe – der Ältere von der Dynamik der Jugend und der Junge von der Weisheit des Alters.

Nachdem er sich seiner Vision bewusst geworden war, überzeugte er seinen Arbeitgeber davon, im Unternehmen Generationengespräche einzuführen, bei denen genau das geschehen sollte.

Es zeigte sich, dass durch diese Gespräche nicht nur die gegenseitige Wertschätzung der Mitarbeiter stieg, sondern dass zum ersten Mal Ideen nicht nur abteilungsintern, sondern auch generationenübergreifend im Unternehmen entwickelt wurden.

Was aufgrund der Erfahrungen seiner Kindheit als Vision in Geralds Kopf entstanden war, war zu einer Realität geworden, die seinem Unternehmen half, gute Ideen zu kreieren und das Zugehörigkeitsgefühl der Mitarbeiter zu steigern.

Anstatt die ganze Welt retten zu wollen, manifestierte Gerald also seine Vision von einer Welt ohne Differenzen zwischen Jung und Alt in seinem direkten Umfeld.

Ein Jahr später erzählte er mir bei einem Reviewgespräch, dass er überrascht sei, wie einfach das Ganze ab einem bestimmten Punkt gelaufen sei, und zwar ab dem Moment, wo er andere Menschen in seine Idee involviert hatte.

So, jetzt hast du die Chance! In welcher Welt würdest du gerne leben wollen? Was für eine Vision hast du von unserer Zukunft? Du brauchst nicht gleich die ganze Welt retten zu wollen, vielleicht hast du einfach eine Verbesserung für deine Region oder deine Nachbarschaft vor Augen? Egal, was es ist, halte dich nicht mit Zweifeln auf, ob das Geld dafür reicht und das Knowhow oder das Netzwerk dafür da sind, sondern stelle dir vor, von allem wäre genug vorhanden.

IMPULS: Deine Welt der Träume

Atme ein paarmal tief ein und aus und frage dich: Welche Welt wünschst du dir für dich selbst, für die Menschen, die dich umgeben, und für die nächsten Generationen?

Du kannst es aufschreiben oder es zeichnen, auch eine Kombination aus beidem ist manchmal hilfreich. Auch wenn du, so wie ich, zwei linke Hände hast, lass dich nicht stoppen – die Zeichnung muss kein Rembrandt sein, solange sie nur erkennen lässt, was du dir wünschst.

Wir tun uns manchmal schwer, unsere Vision oder unsere Träume zu formulieren, weil sich dann eine innere Stimme meldet, die uns korrigiert, wenn wir etwas wünschen, das nicht möglich scheint.

Lass dich von dieser Stimme nicht zurückhalten. Sie hat hier nichts zu melden. Es ist nämlich enorm wichtig für dich zu wissen, wie deine Idealwelt aussieht. Nur wenn du sie klar vor Augen hast, kannst du auch dein Wofür finden und ein Leben leben, das ihr entspricht und dich mit Sinn erfüllt.

Sei also wachsam, wenn dein Umfeld oder du selbst versuchen, deine Träume auf das realistisch und machbar Scheinende zu beschneiden.

Wie heißt es so schön in dem alten Volkslied? »Die Gedanken sind frei.« Das ist auch gut so, sonst wären wir Menschen in unserer Entwicklung zweifellos nicht weit gekommen. Übrigens passt auch der Rest dieses Liedes ziemlich gut zu unserem Thema hier. Such ihn dir doch mal im Internet, dann wirst du es merken.

Jede große Errungenschaft der Menschheit gibt es nur deshalb, weil irgendjemand sie vorher erträumt hat.

Stell dir vor, die ersten Menschen, die zum Mond fliegen wollten, hätten auf ihr Umfeld gehört, das ihnen erklärt hat, wie verrückt diese Idee ist. Auch wenn es damals noch keine Raketen gab, so durfte man trotzdem davon träumen, den ersten Menschen auf den Mond zu schicken. Oder davon, dass man eines Tages in einer Demokratie leben würde, oder von Autos, die autonom fahren. Auch meine Lebensgeschichte ist hier ein gutes Beispiel. Wohl kaum jemand hätte dem stotternden Flüchtlingskind ohne Schulabschluss vorausgesagt, dass es mal Jugendbotschafter bei der EU werden würde.

Jede Errungenschaft der Menschheit war zuerst eine Idee im Kopf eines Menschen oder einer Gemeinschaft, die sich getraut hat, zu träumen und diesen Träumen eine Chance zu geben. Auch deine Träume warten darauf, dass du sie aussprichst und ihnen folgst.

Ich glaube manchmal, Menschen, die sagen »Träume sind Schäume«, wollen sich eigentlich nur selbst schützen. Davor, enttäuscht zu werden, wenn sie ihren Träumen folgen und dann doch scheitern. Doch wer es nie versucht, der wird garantiert niemals in der Nähe seiner Traumwelt landen, das ist klar. .

Und manchmal braucht es einen kleinen Schubs vom Leben, damit wir verstehen, dass wir unsere Träume zulassen müssen, weil sie sonst keine Chance haben, Realität zu werden.

WENN DAS LEBEN EINEN LIEBEVOLL AUFWECKT

>»Das Wort Krise setzt sich im Chinesischen aus
>zwei Schriftzeichen zusammen – das eine bedeutet Gefahr
>und das andere Gelegenheit.«
>
>JOHN F. KENNEDY

»Herr Mahlodji, welche Träume haben Sie?«

Wie bitte? Ich verstand kein Wort.

»Wenn Sie an die Zukunft denken, welchen Traum oder welche Wünsche an das Leben haben Sie für sich selbst?«

Mein Psychiater schaute mich erwartungsvoll an. Doch in meinem Kopf herrschte Leere. Nach einer Weile sagte ich stotternd: »Na ja, mit dreißig möchte ich meinen Master machen, mit fünfunddreißig meinen Doktor und zur selben Zeit spätestens möchte ich Geschäftsführer der Europa-Niederlassung eines internationalen Tech-Konzerns sein, der als Bindeglied in den Osten fungiert.«

Noch während ich diese Sätze aussprach, spürte ich, was mein Therapeut mir wenige Sekunden später ins Gesicht sagte: »Herr Mahlodji, verarschen Sie mich und sich selbst nicht. Diese Denke hat Sie in Ihr Burn-out getrieben.«

Es ist verrückt, wie oft wir uns im Kreis drehen und Gefahr laufen, unser Drama zu wiederholen – genau deshalb braucht es Menschen, die uns aus der Nummer rausholen.

Kurz war ich empört über seine Direktheit, doch das Gefühl wich schnell einer Traurigkeit, die mir zeigte, dass mein Therapeut vollkommen recht hatte. Ich war drauf und dran, mir meine Lüge darüber, wie mein Leben sein sollte, noch immer schönzureden. Und das, obwohl sie mich an den Rand meiner Existenz gebracht hatte.

Wie hatte es nur so weit kommen können?

HOCH GEFLOGEN, HART GELANDET

Ich war 27 Jahre alt, laut einer großen Tageszeitung einer der Top 50 »High Potentials« Österreichs – Durchstarter in einem US-Technologie-Konzern, top Einkommen, Aktien, großer Firmenwagen – und dann war das Burn-out gekommen und das ganze Kartenhaus in sich zusammengebrochen.

Wir erträumen zu selten unsere Realität, oft muss man uns dazu zwingen.

Das war mittlerweile drei Monate her, doch ich hatte noch immer keine Ahnung, wie ich je wieder Fuß in der Arbeitswelt fassen sollte. Wie sollte ich wieder Teil einer Gesellschaft werden, die mich immer für meine Leistungsbereitschaft gelobt hatte – eine Leistungsbereitschaft, auf die ich definitiv keinen Bock mehr hatte?

»Welche Träume haben Sie?«

Der Therapeut ließ nicht locker.

»Ich meine, was wünschen Sie sich wirklich vom Leben? Welche Dinge wollen Sie in den nächsten Jahren machen, die Sie nur für sich selbst tun?«

Ich hatte absolut keine Ahnung. Doch eines spürte ich genau: Ich musste dringend eine Antwort auf diese Frage finden, sonst würde ich eines Tages auf ein Leben zurückblicken, in dem ich nur meinen Körper spazieren getragen und für die Wochenenden und Ferien gelebt hätte. Eine grauenhafte Vorstellung.

»Ich weiß nicht ... ich habe keinen Schimmer«, murmelte ich.

»Okay, dann haben Sie ein echtes Problem. Gehen Sie nach Hause und kommen Sie erst wieder, wenn Sie eine Liste haben, auf der mindestens drei große Träume oder Wünsche stehen.«

Wünsche? Träume? Das war der Ratschlag eines Psychiaters, dem ich nicht wenig bezahlte, damit er mich wieder fit für den Arbeitsmarkt machte. Was sollte dieses Esoterikzeug?

»Und bevor ich es vergesse, Herr Mahlodji – schreiben Sie nur Wünsche und Träume auf, die auf den ersten Blick unerreichbar erscheinen. Wenn Sie die Liste haben, machen wir einen neuen Termin aus.«

Der Wunschzettel an den Weihnachtsmann

Ich werde nie vergessen, wie enttäuscht und sauer ich damals von dannen zog. Abgesehen davon hatte ich keine Ahnung, wie man Träume formuliert. Wie einen Wunschzettel an den Weihnachtsmann? Oder eher wie ein Bestellformular für ein Versandhaus?

Am Abend erzählte ich meinem besten Kumpel Michael davon. Statt mich auszulachen, womit ich fest gerechnet hatte, sagte er zu mir: »Ali, das ist super. Das ist das erste Mal in deinem Leben, dass du dich um dich selbst kümmern darfst. Das Burn-out ist das Beste, was dir je passiert ist. Jetzt hast du Zeit. Nutze sie klug, statt dich gleich in die nächste Aufgabe zu werfen, die dich unglücklich macht.«

Vielleicht sind Wunschlisten an das Universum doch wirkmächtiger, als wir glauben. Auf jeden Fall ist es manchmal gut, auch Dingen, die uns abwegig erscheinen, eine Chance zu geben.

Er hatte recht. Seit ich denken konnte, war ich in Action. Erst, um mich durch die Schulzeit zu boxen, und danach, um den Anschluss an die Gesellschaft zu finden. Pausen kannte ich nicht, ich war stets mit 120 Prozent unterwegs, oftmals getrieben von Angst. Angst, nicht gut genug zu sein oder in einem Job hängen zu bleiben, der mich kaputt machte.

Mein Burn-out war nun so etwas wie eine Zwangspause.

»Aber was soll ich denn für Träume aufschreiben?«, fragte ich Michael.

»Alter, allein, dass du das fragst, zeigt, dass du keinen Plan hast, was Träume sind. Es sollen *deine* Träume sein, was weiß ich, was in dir abgeht«, war seine Antwort.

Ich musste schlucken. Es war schon schlimm genug, dass er die Idee mit der Traumfindung gut fand, jetzt machte er mir auch noch klar, dass ich mich eingehend mit mir selbst beschäftigen musste und wirklich tief zu graben hatte.

Aber was, wenn ich keine Träume finden würde oder wenn mir nicht gefiel, was da aufpoppte?

Warten auf die Muse

Die erste Woche tat ich genau nichts und hoffte auf die Muse, die mich küsst. Als diese sich nicht blicken ließ, schnappte ich mir ein Blatt Papier, setzte mich an meinen Küchentisch und schrieb ganz oben auf das Blatt »Meine Top-5-Träume«. Sogar hier dachte ich noch in Prioritäten und Toplisten – noch immer ganz der Manager, der ich vor meinem Burn-out gewesen war.

Wer alles und jedes managen will, der übersieht, dass das Leben mal ein wilder Fluss und mal ein ruhiges Gewässer ist.

Ich wollte das Ganze strategisch angehen und überlegte, welche Wünsche sich positiv auf meine Lebensziele auswirken würden. Es brauchte eine ganze Weile, bis mir bewusst wurde, wie absurd diese Herangehensweise war. Schließlich hatten mich ja genau diese Ziele in das Burn-out getrieben. Wenn ich von ihnen nun meine Lebensträume ableitete, würde ich von einem Burn-out direkt in das nächste schliddern.

Ich rief Michael an, um ihm mein Leid zu klagen. »Mike, ich komm hier nicht weiter. Was will der Typ von mir mit seinen Träumen? Woher weiß ich, ob meine Ideen wirklich authentisch sind?«

Ich war mir bewusst, dass ich in meinem letzten Job stark von herkömmlichen Karrierebildern geprägt gewesen war, und befürchtete, dass mir diese noch immer den Geist vernebelten.

»Ali, jetzt hör auf zu flennen wie ein Opfer. Dein Vater wurde nur 53 Jahre alt. Stell dir vor, du wüsstest, dass du mit 53 stirbst. Was würdest du bis dahin unbedingt erledigt haben wollen?«

Wow, Mike hatte schon immer klare Ansagen gemacht, doch diesmal schien er echt sauer zu sein. Ich verkniff mir jede weitere Frage, bedankte mich bei ihm und legte kleinlaut auf.

Irgendetwas sagte mir, dass ich ihn erst wieder anrufen durfte, wenn ich mir über meine Träume klargeworden war. Er erinnerte mich an meinen Therapeuten.

Also zurück zu meinem Blatt Papier.

MEINE UNERREICHBAREN TRÄUME

Das Erste, was ich nun tat, war, die Überschrift »Meine Top-5-Träume« durchzustreichen und einfach das Erstbeste hinzuschreiben, was mir einfiel:

»Ich möchte etwas gründen.«

Was? Ich, etwas gründen? Ich war der typische Angestellte. Zwar hatte ich immer wieder Ideen und viel Elan, doch den

Wenn du nicht weißt, wie du anfangen sollst, beginne mit dem Ersten, was dir einfällt – das gilt für so ziemlich alles im Leben.

sicheren Schoß eines Arbeitgebers hatte ich noch nie verlassen wollen. Niemand in meiner Familie war jemals selbstständig gewesen. Außerdem hatte ich kein Startkapital. Wie sollte das funktionieren?

Ich zerknüllte das Blatt Papier und riss mir ein neues vom Notizblock runter.

Auch diesmal notierte ich etwas, das völlig absurd klang: »Ich möchte vor Menschen sprechen.«

Wenn du so lange in deinem Leben gestottert hast, klingt so ein Wunsch ein bisschen nach einem Pinguin, der wie ein Adler über den Grand Canyon fliegen will. Ein netter Traum, aber in der Realität komplett unmöglich. Auch das zweite Blatt Papier landete zusammengeknüllt im Papierkorb.

Das Prozedere wiederholte sich noch einige Male, bis der Block fast leer und ich mit meinem Latein am Ende war. Mir fiel einfach kein Traum ein, den ich realistisch umsetzen konnte.

Da erinnerte ich mich plötzlich wieder daran, was mein Therapeut beim Abschied gesagt hatte:

»Schreiben Sie nur Wünsche und Träume auf, die auf den ersten Blick unmöglich und unerreichbar erscheinen.«

Okay, unmögliche Träume also. Nichts leichter als das!

Plötzlich flogen meine Finger über das Papier und nach wenigen Minuten hatte ich eine Traumliste vor mir, die meine Augen zum Leuchten und meinen Verstand zum Verzweifeln brachte:

◇ Ich möchte einen Marathon laufen.
◇ Ich will Menschen coachen und führen.
◇ Ich möchte etwas gründen.
◇ Ich möchte vor Menschen sprechen.
◇ Ich will komplett unabhängig agieren.

Bis auf den ersten Punkt hatte ich keinen Schimmer, was das alles sollte. Ja, es stimmte schon, dass ich gerne mit Menschen arbeitete. Egal, welchen Job ich machte, ich war immer der, der andere motivierte, die eigenen Stärken zu sehen. Doch das tat ich intuitiv, nicht als professioneller Coach, dafür hatte ich weder die Erfahrung noch die Ausbildung.

Es stimmte auch, dass ich als stotterndes Kind immer den Wunsch gehabt hatte, der größte Lehrer der Welt zu werden.

Und es war auch richtig, dass ich schon immer eigene Ideen hatte umsetzen wollen. Sei es, eine Schülerzeitung zu gründen (was mangels Taschengeld an der Finanzierung gescheitert war) oder später im Beruf, wenn ich ständig neue Dinge initiierte, weil ich das Gefühl hatte, dass man etwas besser machen konnte. Doch all das hatte ja nichts mit meinem Studium und meiner Ausbildung zu tun.

Was wir wirklich wollen, spüren wir erst, wenn unsere Augen beim Gedanken daran leuchten, nicht wenn wir eine Pro-und-Contra-Liste erstellen.

Diese Liste war ein Ausdruck dessen, was ich ganz tief drin machen wollte, jedoch niemals schaffen würde. Klar, mit ausreichend Zeit, genügend Geld, dem richtigen Netzwerk und der passenden Berufserfahrung wäre das vielleicht möglich. Doch ich hatte ja nichts davon. Im Gegenteil. Ich war arbeitsunfähig, glaubte nicht an mich und hatte keine Beziehungen.

Trotzdem war ich stolz, auf all diese Wünsche gekommen zu sein, und rief bei meinem Therapeuten an, um sie ihm zu zeigen. Wir vereinbarten einen Termin und ich überreichte ihm meine Traumliste, die mich schlaflose Nächte und meinen Kumpel Michael den letzten Nerv gekostet hatte.

Der Therapeut nahm sie in die Hand, las sie durch und sagte »schaut ja schon besser aus, vor allem ehrlicher«.

Er gab mir ein neues Blatt Papier und forderte mich auf, meine Träume nun konkreter zu formulieren. Statt »ich möchte« war seine Empfehlung, »ich werde« zu schreiben, da dies handfester war als etwas, das man nur mal so gerne möchte. Er sagte mir, dass ich die Sätze ruhig so schreiben solle, als wäre ich schon mittendrin in meinem Tun.

Ich verstand, was er meinte, und schrieb meine Liste um:
◇ Ich werde einen Marathon laufen.
◇ Ich werde Menschen mit meinen Erfahrungen coachen und führen.

◇ Ich bin ein Gründertyp und werde etwas gründen, wenn die Zeit reif ist.

◇ Ich spreche vor Menschen und erreiche Tausende mit meiner Botschaft.

◇ Ich arbeite daran, komplett unabhängig zu agieren.

An die eigenen Träume glauben

Als ich dachte, ich sei nun endlich fertig mit der Übung, sagte mein Therapeut: »Jetzt haben wir eine Liste, mit der man arbeiten kann. Nun stehen Sie auf, Herr Mahlodji, und lesen Sie die Liste laut vor. Und zwar so, dass Sie es selbst glauben.«

»Ähm, wie meinen Sie das? Ich soll es selbst glauben?«, fragte ich ihn.

»Wir wissen jetzt, was Sie wollen. Doch nun muss auch jede Zelle Ihres Körpers Ihre Wünsche in sich tragen, und das geht nur, wenn Sie sich in das Gefühl hineinversetzen, dass Ihre Träume kurz vor der Erfüllung stehen oder schon umgesetzt sind.«

Träume aufzulisten ist schön und gut, doch nur die Umsetzung wandelt unsere Angst in Energie um.

Sollte ich meine Träume jetzt vor ihm – einem mir quasi fremden Mann – laut rausschreien oder wie? Sehr peinlich, das Ganze.

»Wichtig ist, dass Sie die Dinge so formulieren, dass sie für Sie diskussionslos sind. Sie sollen Ihre Worte spüren und sie innerlich leben.«

Ich holte tief Luft und las die Liste vor. Dann blickte ich ihn an.

»Das war schon gut, doch ich glaube es Ihnen noch nicht. Ich lasse Sie heute erst gehen, wenn ich das Gefühl habe, dass Sie es auch wirklich so meinen. Noch mal, und jetzt lassen Sie sich wirklich auf Ihren eigenen Text ein.«

Ich begann noch einmal zu lesen. Mittendrin brach ich ab, weil ich spürte, dass ich nicht ganz dabei war – mir war die

Situation immer noch peinlich. Ich war hierhergekommen, um therapiert zu werden. Dass ich einige Wochen später wie in einem Improvisationstheater eine neue Rolle fühlen sollte und dabei auch noch beobachtet wurde, hatte ich nicht erwartet.

Nachdem ich kurz innegehalten hatte, holte ich tief Luft und setzte noch einmal an.

»Ich werde einen Marathon laufen.« Während ich diesen Satz aussprach, hatte ich die Augen geschlossen und sah vor mir den Zieleinlauf des Wien-Marathons, dem Wettbewerb, an dem ich schon immer hatte teilnehmen wollen. Ich wiederholte den Satz mehrere Male mit geschlossenen Augen und mit jedem Mal wurde die Erfahrung realer. Ich sah die Menschen an den Seiten, die uns Läufern zujubelten. Ich spürte den schweren Atem, wenn man sich Kilometer um Kilometer weiterkämpft, und die Euphorie, wenn die Jubelschreie der Fans und die laute Musik einen tragen.

Ich öffnete die Augen. Mein Atem war schwer, ich schnaufte richtig.

»Wie fühlen Sie sich?« Der Therapeut lächelte mich an.

»Das war irre! Ich war mittendrin im Marathonlauf«.

»Ja, das passiert, wenn der Körper nicht mehr unterscheiden kann, ob man etwas real erlebt oder es sich nur vorstellt. In diesem Moment wird unser Vorhaben Teil unseres Unterbewusstseins. Man muss das nur oft genug trainieren, dann geht es wie von allein.«

Wer beim Gedanken an seine Träume keine schwitzenden Hände, keine Gänsehaut und kein Lachen im Herzen spürt, der träumt nicht groß genug.

Ich hatte Blut geleckt. Das war magisch. Ich machte gleich weiter mit der Liste und wiederholte Satz für Satz. Jedes Mal merkte ich mehr, wie sich meine Körperhaltung veränderte und ich beim Wiederholen der Sätze selbstbewusster wurde, bis sie sich anfühlten, als wären sie ein Teil von mir. Und bei jedem meiner Träume stellte ich mir vor, wie ich schon mittendrin war. Bei »Ich werde Menschen mit meinen Erfahrungen coachen und führen« sah ich Kinder und Erwachsene, die einen ähnlichen Background hatten wie ich und sich mir anvertrauten. Ich sah Tränen der Erleichterung in ihren Augen, als sie merkten, dass da jemand war, der sie verstand.

Als ich darüber sprach, dass ich gründen werde, sah ich mich mit einem großen Team gemeinsam feiern und jubeln und wusste instinktiv, dass es nicht lange dauern würde, bis die Zeit dafür reif sein würde.

Beim Traum, vor Menschen zu sprechen, kamen mir plötzlich selbst die Tränen. So viele Jahre meines Lebens hatte ich Angst gehabt, meiner Stimme Ausdruck zu verleihen, dass jetzt, wo ich in mir spürte, wie ich meine Lebensbotschaft anderen weitergeben wollte, mein ganzer Körper durchgeschüttelt wurde.

Als ich meinen letzten Traum aussprach, unabhängig zu agieren, sah ich meine Eltern vor mir und ihre Hoffnung, ich möge eines Tages ein freies Leben haben und meinen eigenen Weg gehen.

Sich mit den eigenen Träumen so stark zu verbinden, als wären sie bereits Wirklichkeit, setzt eine enorme Kraft in uns frei.

Es vergingen viele Minuten und ich wurde immer mehr eins mit meinen Träumen. Es war verrückt, meine Atmung, meine Gänsehaut, meine Stimme, meine Körperhaltung – alles wies darauf hin, dass ich die Träume auf der Liste gerade wirklich durchlebte. Es war ein bisschen wie das Gefühl, das man hat, wenn man sich an eine Situation im Leben zurückerinnert, die einen emotional stark berührt hat. Obwohl die Situation schon lange zurückliegt, kann man sich nochmal ganz in den Augenblick zurückbeamen. Das ging also offensichtlich auch mit Dingen, die in der Zukunft lagen. Sie jetzt schon so zu spüren, als wären sie bereits passiert, war der Trick, der notwendig war, um ins Tun zu kommen.

Mir wurde bewusst, dass diese wenigen Sätze, die ich wie ein Besessener wieder und wieder gesagt hatte, alle meine größten Sehnsüchte und Wünsche ausdrückten. Ich wusste jetzt, was ich wirklich wollte, und hatte mich sogar getraut, mich damit zu konfrontieren und es laut auszusprechen.

»So, Herr Mahlodji, wir sind fertig. Sie brauchen mich nicht mehr. Alles, was Sie wissen müssen, kennen Sie jetzt.«

Mein Therapeut zögerte kurz, lächelte mich an und sagte dann: »Jetzt gehen Sie raus in die Welt und erzählen Sie Ihre Träume so vielen Menschen wie möglich.« Seit ich diese Übung von Dr. Scheuner gelernt habe, mache ich sie jeden Tag direkt nach dem Aufwachen oder kurz vor dem Schlafengehen. Der Vorteil vor dem Schlafengehen ist, dass das Gehirn dann eine ganze Nacht lang Zeit hat, das zuletzt Erfasste zu verarbeiten. Auch wenn es mir gut geht und die Sonne mir aus dem Arsch scheint – ich mache die Übung.

Natürlich verändern sich Wünsche mit der Zeit, vor allem natürlich auch in dem Moment, wenn wir sie erreicht haben. Daher stehen auf meiner Liste heute andere Wünsche als damals nach dem Burn-out. Doch mein Training, mich mit ihrer Hilfe immer wieder aus der Zukunft oder der Vergangenheit ins Hier und Jetzt zu holen, mache ich jeden Tag, da ich sonst Gefahr laufe, im Dickicht unserer lauten Welt meine Träume zu vergessen.

IMPULS: Deine eigene Traumliste

Wenn der Therapeut dich gefragt hätte: »Welche Träume haben Sie?«, was hättest du geantwortet? Schnapp dir ein Blatt Papier und schreib es auf.

Es müssen Träume sein, die dir Freudentränen über die Wangen laufen lassen, wenn du sie erreichst, und die dir Angst machen, weil sie so groß sind, dass du denkst: »Wie zum Henker soll ich das jemals packen?«

Achte darauf, dass du deine Träume »real« formulierst, also keine Möglichkeitswörter wie »möchte, könnte, hätte etc.« verwen-

dest, sondern klare Ansagen machst: »Ich werde... Ich bin...
Ich mache...«

Hier geht Qualität vor Quantität, also reduziere deine Liste auf
maximal fünf Träume, die du wirklich willst.

Nun lies die Liste laut vor. Gehe sie Satz für Satz durch, und
beginne die Worte zu spüren, die du aus deinem Innersten diesem Blatt Papier anvertraut hast. Wiederhole die Sätze immer
und immer wieder. Wenn du sie auswendig weißt, schließe die
Augen und versetz dich in den Moment hinein, in dem dein
Traum in Erfüllung gegangen ist; in diesen Augenblick, wenn
man merkt, dass etwas Realität ist, das man schon lange in sich
trägt. Akzeptiere dieses Gefühl mit jedem Durchgang mehr als
die Zukunft, in der du leben wirst.

PS: Wenn du es noch verbindlicher willst, dann unter-
schreibe deine Wunschliste. Diese Liste ist ein Vertrag mit dir
selbst. Setze deine Unterschrift nur darunter, wenn du das, was
draufsteht, wirklich willst.

DEINE ZWEI SINNQUELLEN

»Je mehr ein Mensch gedacht, je mehr schöne und nützliche Taten er verrichtet, je länger hat er gelebt.«

FRIEDRICH DER GROSSE

Träume sind etwas Wunderbares. Sie sind die Leuchttürme, die uns ein Ziel vor Augen halten, das uns bei dem Gedanken daran strahlen lässt. Und doch sind Träume nur ein Baustein für ein erfülltes Leben. Ein anderer Baustein besteht darin, sich selbst und seine Fähigkeiten in den Dienst einer größeren Sache zu stellen oder eine Tätigkeit auszuüben, die einen die Zeit vergessen lässt.

Viktor Frankl hat zu diesem Thema viel geforscht und auch die Bewohner Okinawas mit ihrem Igikai wissen, was hier gemeint ist. Der Mensch als sinngetriebenes Wesen strebt danach, Teil von etwas zu sein, das größer ist als er selbst, und er findet dies in zwei Sinnquellen, die zusammen, aber auch getrennt voneinander Energie spenden: einer Tätigkeit, in der man Zeit und Raum vergisst, und/oder wenn man etwas für andere tut.

Wenig ist so erfüllend, wie das eigene Leben – oder Teile davon – in den Dienst der Gesellschaft zu stellen.

FINDEN, WAS UNS ERFÜLLT

Kannst du dich an eine Situation erinnern, wo du Raum und Zeit vergessen hast? Vielleicht beim Sport, vielleicht beim Musizieren, beim Malen oder als du dein Motorrad repariert hast?

Und kennst du das Gefühl, wie erfüllend es sein kann, wenn ein Mensch dank dir ein Lächeln auf dem Gesicht trägt? Das muss gar keine große Sache sein, vielleicht nur, weil du ihm die Tür aufgehalten oder ein Kompliment gemacht hast.

Diese zwei Dinge, eine Tätigkeit, bei der du die Zeit vergisst, und der Akt, etwas für einen anderen Menschen tun, schenken uns Menschen Energie. Und Energie brauchen wir auf unserer Reise, denn das Leben ist ein Marathon.

Wer in seinem Alltag etwas findet, in dem er voll und ganz aufgeht, und ebenso etwas, durch das er das Leben anderer Menschen besser macht, der zapft automatisch die Energiekammern an, die ihn durchs Leben tragen.

IMPULS: Deine zwei Sinnquellen

Schnapp dir ein Blatt Papier und entdecke deine zwei Sinnquellen, die dir Energie schenken:

◇   Eine Tätigkeit, in der du aufgehst und während der du die Zeit vergisst.
◇   Etwas, das du gern für andere Menschen tust.

Falls dir nicht gleich etwas einfällt, lehn dich zurück und lass dich von der Geschichte von Boris inspirieren, einem jungen Mann, der einfach nicht in die Spur seines Lebens fand.

Sie steht stellvertretend für die von so vielen Menschen, die mir begegnet sind. Menschen, die irgendwann in ihrem Leben ihre Begeisterung und ihre Neugierde gegen die Akzeptanz durch ihr Umfeld eingetauscht haben und denen keiner beigebracht hat, diese wichtigen, Energie spendenden Faktoren auf andere Weise auszuleben.

Boris, der Junge ohne Elan

Ich war zu einem Führungskräftetraining bei einem großen Sozialbetrieb eingeladen. In der letzten Pause vor der Abschlussrunde sprach mich einer der Teilnehmer an, selbst Führungskraft und seit über 20 Jahren im Unternehmen, und fragte, ob ich mir Zeit nehmen könne, einmal mit seinem Sohn zu sprechen. Dieser sei mittlerweile 26 Jahre alt und stolpere von einem Studium ins nächste, ohne je etwas fertig zu machen.

Vor mir stand ein Vater, der sich ernste Sorgen machte, daher versprach ich trotz vollem Terminkalender, mich mit seinem Sohn zu treffen. Der Vater erzählte mir noch, sein Sohn sei früher sehr aufgeweckt gewesen, doch nun völlig lethargisch.

Drei Wochen später stand ein junger, blasser Mann in meinem Büro, dem es sichtlich unangenehm war, dass sein Vater uns zusammengebracht hatte. Zeitgleich schien es, als würde er aber wirklich gerne etwas an seiner Situation ändern.

Wir begannen uns zu unterhalten. Irgendwann kamen wir zu dem Problem, wegen dem sich sein Vater an mich gewandt hatte. Boris hatte irgendwie keine Lust auf die Dinge, die er tat, und so stolperte er von einem Studium ins nächste und begann Jobs, die er kurze Zeit später wieder sein ließ. Sein Vater hatte recht, seinem Sohn fehlte irgendwie die Lebenslust.

Irgendwann wurde mir das Ganze zu bunt und ich fragte ihn: »Sag mal, gab es jemals etwas in deinem Leben, das du so richtig gerne gemacht hast? Also etwas, das in dir SCHEISSE JA geschrien hat und das du stundenlang machen wolltest?«

Boris sah mich an. »Ja klar, Action-Games online spielen. Das war richtig, richtig geil.«

Bitte was? Action-Games? Der Typ vor mir hatte ja plötzlich richtig Farbe im Gesicht.

»Und spielst du die heute noch?«, fragte ich ihn.

»Nein, damit ich habe recht schnell wieder aufgehört.« Sein Gesicht, das gerade noch ein bisschen Leben ausgestrahlt hatte, wurde wieder grau und unbeteiligt.

»Und warum hast du aufgehört?«, wollte ich wissen.

»Na ja, meine Eltern sind im sozialen Bereich tätig und waren jahrelang ehrenamtlich bei einem Friedenchorps. Als sie merkten, wie viel Spaß ich bei den Games hatte, nahm mich meine Mutter zur Seite und meinte, dass diese Art von Spiel aus ihrer Sicht kriegsverherrlichend sei, also gegen ihre Überzeugung gehe. Für mich war es nur ein Spiel, dass verdammt viel Spaß machte, und nicht einmal habe ich es gespielt, weil ich jemanden wie im Krieg umbringen wollte. Doch weil ich meine Eltern liebte und sie ja irgendwie recht hatten, hörte ich damit wieder auf.«

Ich ließ nicht locker: »Was an den Action-Games hat dir denn am meisten Spaß gemacht?«

Boris erzählte mir, wie es war, sich auf dem virtuellen Spielfeld auszutoben, spontan Entscheidungen zu treffen, selbstbestimmt zu agieren und im Team zu gewinnen oder zu verlieren. Während er mir immer enthusiastischer vorschwärmte, weshalb er sich so für diese Spiele begeisterte, erkannte ich ein Muster. Für Boris waren zwei Dinge besonders wichtig: die Autonomie auf dem Spielfeld und das Gefühl, Teil eines Teams zu sein.

Nachdem ihm im Gespräch klar geworden war, dass diese zwei Dinge nicht nur Teil der Action-Games sind, sondern mit hoher Wahrscheinlichkeit auch in anderen Tätigkeiten zu finden sein würden, blühte er auf. Er verließ mein Büro mit der Zuversicht, etwas zu finden, das seinem Wunsch nach Autonomie und nach Gemeinschaft gerecht wurde.

Sechs Monate später rief er mich über Skype an. Sein Gesicht strahlte und seine Stimme klang hell und klar, keine Spur mehr von dem jungen Mann, der vor einigen Monaten auf meiner Couch gesessen und keine Lust auf gar nichts gehabt hatte.

»Ali, ich gründe demnächst mein eigenes Start-up mit zwei Kumpels. Wir haben echt Schiss davor, aber sowas von Bock darauf, unser eigenes Ding zu machen. Alter, danke!«

Wir Menschen glauben gerne, dass wir die Dinge, die wir tun und die unser Leben ausmachen, getrennt voneinander betrachten können. Doch das stimmt nicht. Wenn wir zum Beispiel längere Zeit Stress am Arbeitsplatz haben, spiegelt sich das auch in unserem Privatleben wider.

Haben wir privat eine wunderbare Zeit, dann tragen wir diese positive Energie auch an den Ar- *Unterdrückte Begeisterung kann lethargisch machen.* beitsplatz. Nichts, was wir tun, wirkt isoliert für sich, weder die Dinge, die uns Freude machen, noch die, die uns belasten.

Kehren wir in einem Bereich unsere Begeisterung unter den Teppich, so wirkt sich das auf andere Lebensbereiche aus, in denen Begeisterung eine wichtige Triebfeder wäre.

ÜBUNG: DEINE SINNQUELLE FINDEN

Aber jetzt zurück zu dir. Was fällt dir ein zu den zwei Sinnquellen, die dir Energie spenden? Bedenke bitte, dass du nicht zwingend schon beide kennen musst – jede dieser Sinnquellen kann auch allein für sich existieren.

Denk an die Geschichte von Boris und erinnere dich an eine Zeit, in der du etwas getan hast, das dir große Freude gemacht hat. Etwas, das du stundenlang hättest tun können, ohne darüber nachzudenken, ob du dafür bezahlt wirst oder nicht. Etwas, das du immer und immer wieder machen wolltest.

Dann überlege, welche Aspekte dieser Tätigkeit ihr Herzstück darstellen, was sie besonders macht. Für Boris sind Autonomie und Gemeinschaft besonders wichtig. Was ist es bei dir?

Wenn du von allein nicht draufkommst, schnapp dir einen Kumpel und sprich mit ihm oder ihr darüber. Das hilft oft.

Nun überlege dir, bei welchen Tätigkeiten für andere Menschen du dich glücklich fühlst – also deine Bedürfnisse vergisst, weil dir das Glück eines anderen wichtiger ist.

Ich meine damit nicht, dass du dich selbst dabei aufgeben und all dein Geld und deine Zeit opfern sollst. Nein, diese falsche und destruktive Art der Selbstaufgabe meine ich nicht, sondern ein Helfen, das in dem Wissen geschieht, dass es zuerst dir selbst gut gehen muss, damit du für andere da sein kannst.

Du sagst, das gibt es nicht, weil der Mensch nun mal ein egoistisches, gewinnmaximierendes Wesen ist?

Halte dich nicht damit auf, über egoistische Menschen nachzudenken, schau lieber auf die vielen, die gern und regelmäßig geben und etwas für andere tun.

Ja, diese Art Menschen gibt es, doch mit ihnen wollen wir uns hier nicht befassen. Viel besser und smarter ist es, sich auf die Menschen zu fokussieren, die zeigen, dass es möglich ist.

Genauso wie den Putzmann Adrian gibt es sehr viele Menschen in unserer Gesellschaft, die ihre Erfüllung darin finden, anderen das Leben schöner zu machen. Niemand wird Lehrerin, Feuerwehrmann oder Sanitäter, weil er gewinnmaximierend denkt, sondern weil er – egal wie hart der Job ist – seine Erfüllung darin findet, anderen zu helfen.

Damit wir uns nicht falsch verstehen: Ich sage nicht, dass du einen dieser Jobs annehmen sollst. Was ich von dir will, ist, dass du dich fragst, wie du in deinem täglichen Tun anderen Menschen eine Hilfe sein kannst. Manche sind es durch ein Ehrenamt, manche, indem sie im Alltag einfach etwas netter zu anderen sind, und manche, indem sie ihre Lebenszeit dem Ziel verschreiben, der Gesellschaft Gutes zu tun.

Wie auch immer du im Dienst an anderen aufgehst – stress dich nicht zu sehr damit, sondern sei dir bewusst, dass du immer – jeden Tag – einem Menschen helfen kannst, wieder eine Perspektive zu finden, wo er oder sie dachte, dass es kein Weiterkommen gibt.

ERFÜLLUNG IM HOBBY FINDEN

Oft erzählen mir Menschen, dass es Dinge gibt, die sie sehr erfüllen, mit denen sie allerdings kein Geld verdienen können. Weißt du was? Das ist manchmal ein Segen. Aus dem einfachen Grund, weil wir, wenn wir unter Druck stehen, die Lust und die Freude an Dingen verlieren.

Die größte Gefahr ist nicht, dass wir scheitern, sondern dass wir unsere Energiespender links liegen lassen.

Ich erlebe häufig, dass Menschen ihr Hobby zum Beruf machen und dann enttäuscht sind, wenn es ihnen nicht mehr so viel Spaß macht wie zuvor. Alles, was wir beruflich machen – so cool es sein mag –, hat unter anderem den Sinn, dass wir damit unser Leben finanzieren. Und da wird es unweigerlich auch Phasen geben, wo du musst, auch wenn du gerade keine Lust darauf hast. Das kann einem den Spaß schon mal verderben.

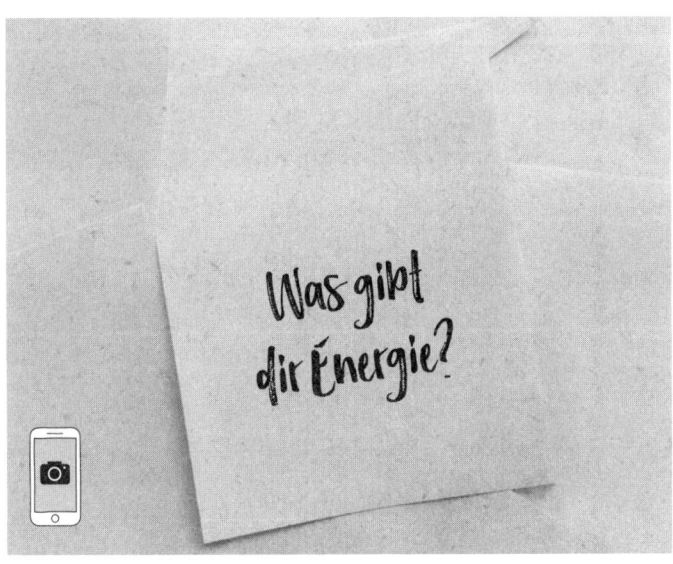

Lisa, die Filmemacherin

Lisa, eine Kindheitsfreundin von mir, liebte Filme. Und zwar gar nicht so sehr den Inhalt, sondern viel mehr deren Entstehung. Das Storytelling, den Schnitt, die Farben, die Szenengestaltung – über all diese Dinge konnte sie stundenlang sprechen, auch wenn es niemanden am Tisch interessierte.

Sie war zudem sprachlich sehr talentiert und begann schon während der Schulzeit als Texterin in einer Werbeagentur zu arbeiten. Nach dem Abitur zog sie nach Kanada und fand dort schnell einen Job in der Werbewelt, der ihr sehr viel Spaß machte. Sie wurde Content-Managerin und konnte ihre Leidenschaft Text mit dem Medium Film kombinieren.

Neben ihrem Job drehte sie Kurzfilme, die ihr noch mehr Spaß machten. Sie schloss sich in Montreal einem Künstlerkollektiv an, das verschiedenste Filmprojekte zu diversen Themen realisierte. Wenn gerade das Klima Thema war, arbeiteten sie dazu einen Film aus. War das Thema Kindheitstraumata, so arbeitete das ganze Team daran, hierüber einen Film zu machen. Alle im Kollektiv verwendeten ihr eigenes Equipment und manchmal mussten sie improvisieren, doch das war egal.

Lisa liebte das Filmemachen so sehr, dass sie beschloss, es zu ihrem Hauptjob zu machen. Da sie in der professionellen Filmbusiness-Szene Kanadas jedoch ein unbeschriebenes Blatt war, kämpfte sie sich von Auftrag zu Auftrag und musste laufen, damit sie Teil einer Filmproduktion sein durfte.

Als wir eines Tages telefonierten, klagte sie mir ihr Leid und dass ihr das Filmemachen gar keinen Spaß mehr mache.

Sie erzählte mir, dass sie nur noch den Druck verspüre, liefern zu müssen, und dass das, was ihr wirklich Spaß mache, auf der Strecke bleibe.

Ich fragte sie, was sie sich wünschen würde, wenn sie einen Zauberstab hätte und niemandem Rechenschaft schuldig sei.

»Ach, Ali, da würde ich sofort wieder in meine Agentur zurück und die Filme, die ich liebe, in meiner Freizeit machen. Ich würde mir

mehr Zeit geben und es dann – wenn ich hier mehr gefestigt wäre und schon mehr Filmprojekte gemacht hätte – noch mal versuchen.« Als sie fertig war, realisierte sie, dass sie genau das tun konnte. Wieder in ihren alten Job zurück und das Filmemachen ohne Druck in ihrer Freizeit betreiben.

Ihre Chefin nahm sie mit Handkuss zurück, wusste aber, dass Lisa diesen Job nur so lange machen würde, bis sie so weit war, sich mit neuer Stärke in die Filmbranche zu begeben.

Vor einem Jahr besuchte Lisa ihre Freunde zu Weihnachten in Wien. Es war echt schön, sie wiederzusehen, und noch schöner, zu erfahren, dass sie endlich das tat, was ihr Spaß machte und ihr den Druck nahm. Sie war nach fast zehn Jahren in Kanada bei einer großen Filmproduktion im Konzeptionsteam gelandet. Dort konnte sie ihre Ideen einbringen, ohne Letztverantwortliche bei den großen Umsetzungen zu sein. Ihre Kurzfilme machte sie trotzdem nebenbei, weil sie dort die Ideen umsetzen konnte, die keine großen Hallen füllten, sie aber glücklich machten.

Lisas Geschichte zeigt wunderbar, dass eine Tätigkeit, die uns erfüllt, nicht immer auch unser Brotjob sein muss. Was jedoch wichtig ist, ist niemals aufzuhören, sich den Tätigkeiten hinzugeben, die einem Freude machen und Energie geben. Der Grund, warum Lisa so lange durchhielt, bis sie einen Job hatte, der das kombinierte, was ihr innerlich wirklich Zufriedenheit brachte, war, dass sie zu jeder Zeit ein Hobby hatte, in dem sie sich austoben konnte.

DIE SUPERKRÄFTE EINES ECHTEN SUPERHELDEN

»Das Überwinden von Problemen
macht die Menschen zu Helden.«
LAJOS KOSSUTH

In diesem Buch dreht sich alles um die Frage, was wir im Leben eigentlich tun wollen und warum. Wenn wir so weit sind, das zu wissen, ist ein sehr großer Schritt getan. Dann können wir uns an die Umsetzung machen. Da uns das häufig vor einige Hürden und Hindernisse stellt, ist es gut, ein paar Wege zu kennen, wie wir trotzdem dahin kommen, wo wir hinwollen.

Hier ist einer meiner besten Tipps, um schwierige Situationen zu meistern.

DER TRICK MIT DEM VORBILD

Ich war als Kind großer Michael-Jordan-Fan. Für mich war er nicht nur der beste Basketballspieler aller Zeiten, sondern auch die coolste Socke auf dem Spielfeld. Egal wie gut die Gegenspieler waren, egal wie dicht sein Team, die Chicago Bulls, mit dem Rücken zur Wand stand, er wirkte niemals eingeschüchtert. Im Gegenteil, gerade in diesen Augenblicken wuchs er über sich hinaus. Es schien, als wäre er genau für diese Momente der Entscheidung geboren. Wenn niemand mehr weiterwusste – Michael Jordan hatte einen Plan. Und wenn das bedeutete, dass er in den letzten Minuten eines Spiels im Alleingang die gegnerische Mannschaft in Grund und Boden spielen musste – Michael Jordan lieferte.

Nun weißt du, dass meine Kindheit recht hart war. Es gab jedoch eine Person, die mir immer half, auch in den hoffnungslosesten Situationen nicht aufzugeben. Genau, Michael Jordan!

Nicht dass ich ihn gekannt hätte, schön wär's, aber immer, wenn ich in einer schwierigen Situation war, stellte ich mir die Frage: »Was würde Mike tun?« und dann versuchte ich, mir etwas von seiner Coolness auszuborgen. Natürlich gelang mir das nicht immer, dafür stotterte ich zu viel, doch es machte viele Augenblicke erträglicher. Sogar wenn ich beim Zahnarzt war und Angst vor dem Bohrer hatte, fragte ich mich: »Wie würde Michael Jordan sich verhalten? Hätte der auch so viel Angst? Wohl kaum!«

In all den Jahren hat sich dieser Trick, mir ein Vorbild zu suchen und kurz in seine Rolle zu schlüpfen, immer wieder für mich ausgezahlt. Er wurde so etwas wie mein schwarzer Gürtel, mit dem ich (fast) jede Situation meisterte. Und so vielfältig die Herausforderungen waren, so verschieden waren auch die Vorbilder, auf die ich zurückgriff.

Als ich zum Beispiel mein eigenes Unternehmen gründete und damit plötzlich ein Team *Mir hilft die Frage: Was würde Barack Obama jetzt tun?* und hohe Kosten hatte, gab es in den Anfangsjahren manchmal Phasen, wo ich nicht wusste, wie wir die nächsten drei Monate überstehen sollen. In diesen Augenblicken fragte ich mich immer: »Was würden Barack Obama oder Steve Jobs tun?« und wurde dadurch gelassener.

Wir Menschen sind dazu in der Lage, uns mental in die Lebenswelt eines anderen Menschen hineinzuversetzen, um uns dessen Fähigkeiten auszuleihen. Wenn wir uns mit einem anderen Menschen oder einer Gruppe vereint fühlen, so schaffen wir es irgendwie, die Kraft und Stärke dieses Menschen oder dieser Gruppe anzuzapfen. In solchen Augenblicken sind wir dann nicht mehr allein, sondern treten gefühlt gemeinsam auf.

Dasselbe Phänomen begegnet uns auch bei Anhängern von Fuß-ballmannschaften. Spielt die eigene Mannschaft gut und surft seit Wochen auf einer Gewinnerwelle, lässt sich beobachten, wie das Selbstvertrauen der hartgesottenen Fans mitwächst. Sie verhalten sich dann so, als hätten sie höchstpersönlich die Tore geschossen.

Auf Dauer ist das natürlich keine Lösung für jemanden, der ansonsten kein Selbstvertrauen hat. Denn bei der nächsten Nie-derlage ist dann auch sein Selbstbewusstsein wieder im Keller. Ich will von dir auch nicht, dass du andere Menschen ständig imitierst, aber ich will, dass du dir bewusst wirst, welche Fähig-keiten es sind, die du an deinen Vorbildern bewunderst.

Gelassenheit und Konzentration sind Eigenschaften, die ich schon immer bewundert habe. Nun verfüge ich selbst darüber.

Bei mir hat es einige Jahre gedauert, bis ich gecheckt habe, dass Michael Jordan und Barack Obama eines gemeinsam ha-ben: Sie bleiben in Stresssituationen immer gelassen, sind aber hochkonzentriert und bereit, Verantwortung zu übernehmen.

Da ich mich seit meiner Kindheit immer zu solchen Vorbil-dern hingezogen fühlte, wurde die Fähigkeit, in stressigen Situa-tionen, wenn andere die Nerven verloren, ruhig zu bleiben und Verantwortung zu übernehmen, mein Markenzeichen.

Seit einigen Jahren schon antworte ich auf die Frage, wer meine Vorbilder sind, dass ich von vielen Menschen gelernt habe, wer ich sein will. Seitdem ich das bin, habe ich keine fes-ten Vorbilder mehr. Ich lasse mich aber immer noch gerne von anderen Menschen inspirieren und wieder daran erinnern, was auf dieser Welt möglich ist. Mein Mentor Gerald Hüther, der am Ende dieses Buches in einem Interview nochmals zu Wort kommen wird, ist natürlich einer davon.

Während ich früher meine Vorbilder brauchte, um in schwe-ren Zeiten weiterzukommen, suche ich mir heute bewusst aus, von wem ich lernen möchte.

IMPULS: Deine Superkräfte

Denk an drei Menschen – egal ob berühmt oder der Nachbar um die Ecke – die dich inspirieren und von denen du sagst: »Ich finde es cool, was die machen.«

Schreibe ihre Namen auf ein Blatt Papier und schreibe zu jeder dieser Personen maximal drei Eigenschaften hinzu, die dich an ihr faszinieren.

Nun hast du eine Liste von mindestens drei und maximal neun Eigenschaften vor dir.

So simpel diese Aufgabe ist, so groß ist die Wahrscheinlichkeit, dass es genau diese Eigenschaften sind, die du in deinem Leben anstrebst.

Genauso wie deine Lebensträume, die du regelmäßig visualisierst, indem du sie dir laut vorliest, ist es auch bei diesen Eigenschaften wichtig, dass du sie regelmäßig bewusst visualisierst. Am besten schreibst du dir einen Text, der mit den Worten beginnt: »Ich arbeite daran, ein Mensch zu sein, der […]« und dann all die Eigenschaften, die du an deinen Vorbildern gut findest und bewunderst.

Wiederhole diesen Text ab jetzt regelmäßig morgens nach dem Aufwachen oder abends vor dem Schlafengehen. Egal wann, Hauptsache, du machst es! Das ist Training fürs Gehirn. Wichtig ist, die Eigenschaften auch bei geschlossenen Augen zu visualisieren, damit du dich daran gewöhnst, wie es ist, wenn sie ein Teil von dir sind.

In meinem Fall beginnt mein Text mit diesen zwei Sätzen: »Ich arbeite daran, ein Mensch zu sein, der auch in schwierigsten Situationen Ruhe bewahrt und damit nicht nur die Situation entschärft, sondern auch anderen die Kraft schenkt, sie zu meistern. Bei allem, was ich tue, strebe ich danach, meinem Gegenüber ein guter Zuhörer zu sein, jedoch zeitgleich meinen Humor nicht zu vergessen.«

Eines meiner Vorbilder der zurückliegenden Jahre war der Fußballtrainer Jürgen Klopp, der in seiner Zeit bei Borussia Dortmund scheinbar Unmögliches geschafft hat.

Wer sind deine Vorbilder, welche Eigenschaften bewunderst du an anderen Menschen?

In einem Zeitungsartikel schrieb mal ein Journalist, der Jürgen Klopp interviewt hatte, dass ihm aufgefallen sei, wie dieser seinen Spielern – wenn sie das Gespräch suchten – immer und jederzeit aufmerksam zuhörte. Dies sei einer der Gründe, warum die Mannschaft ihm blind vertraue.

Mich hat diese Eigenschaft so fasziniert, dass sie heute Teil meiner DNA geworden ist.

DIE GESCHICHTE DEINES LEBENS

»Ein kleiner Schlüssel, der nur wenige Gramm wiegt,
kann einen Tresor öffnen, der viele Tonnen wiegt.«
UNBEKANNT

Wir Menschen lieben Heldengeschichten. Wir gehen ins Kino, damit wir mitträumen, mitleiden und mitfeiern können, wenn der Prinz die Liebe seines Lebens findet und die Heldin den bösen Drachen erlegt. Schon als Kinder lernten wir durch die vielen Sagen und Märchen, dass sich auch die hoffnungsloseste Situation meist zum Guten wendet, das Böse besiegt wird und die Geschichte gut ausgeht.

Und weißt du was? Das merken wir uns. Wenn uns Dinge passieren, die echt beschi**en sind, wehtun und uns am Leben verzweifeln lassen, dann wohnt in uns der Glauben daran, dass das Tiefschläge sind, nach denen es wieder nach oben geht, und wir das, was danach kommt, nur noch mehr genießen werden. Und es gibt ja auch zahlreiche Begebenheiten in unserem Leben, die das belegen.

Mein Lieblingsbeispiel ist immer noch, dass mir des Öfteren in meinem Leben schon das *Am Ende wird alles gut und wenn es nicht gut ist, dann ist es noch nicht das Ende. Dieser Satz ist wahrer, als man denkt.* Herz gebrochen wurde, dieser Umstand im Nachhinein betrachtet aber gar nicht so schlecht war, weil ich heute die Beziehungen zu Freunden und auch die zu meiner Frau umso mehr zu schätzen weiß.

LÄHMENDES SCHUBLADENDENKEN

Eine Sache, die mich schon immer genervt hat, ist, dass unser Umfeld uns gerne in eine Geschichte reinschubst, damit unser Tun in ihrem Weltbild kein Chaos erzeugt. Anders gesagt, ich hasse es, wenn ich in Schubladen gesteckt werde und Menschen denken, dass sie meine Zukunft voraussagen können.

Als ich der Schulabbrecher war, fand ich mich schnurstracks in der Versagerschublade wieder und egal, wohin ich ging, in den Augen der Leute war meine Zukunft schon vorbestimmt – ich würde keine haben.

Sicher kennst du das auch aus deinem Umfeld. Kommst du aus einer traditionellen Familie, wirst du sicherlich mit zahlreichen Vorstellungen und Erwartungen zu kämpfen haben, denen du gerecht werden sollst. Tust du das nicht, weil du deinen eigenen Kopf hast, kann es schon mal zu hitzigen Auseinandersetzungen kommen.

Arnold aus den Bergen

Als Österreicher kommt man nicht darum herum, über Arnold Schwarzenegger zu sprechen.

Geboren wurde er 1947 in Thal, einer 2000-Seelen-Gemeinde in der Steiermark. Es war die Zeit nach dem Zweiten Weltkrieg und die Perspektiven für junge Menschen nicht gerade rosig. Der junge Arnold konnte es dennoch kaum erwarten, in die weite Welt hinauszugehen, obwohl seine Eltern von ihm wollten, dass er zuhause blieb. Sein Vater wünschte sich, dass sein Sohn – so wie er selbst – Polizist werden würde, und seine Mutter wollte, dass er ein bürgerliches Leben führte. Das war die Vision seiner Eltern – aber nicht Arnolds eigene. Er hatte tief in sich drinnen das Gefühl, für etwas Größeres geboren zu sein, für etwas Einzigartiges.

Als er elf Jahre alt war, sah er in der Schule eine Dokumentation über Amerika mit seinen Hochhäusern, seinen hohen Brücken und seinen breiten Straßen. Während er noch auf die Leinwand starrte, wusste er: Das war der Ort, an dem er leben wollte.

Doch wie sollte er dort hinkommen? Eine Reise ans gefühlt andere Ende der Welt war damals sehr kostspielig und die Familie Schwarzenegger nicht mit Reichtum gesegnet.

Einige Zeit später spazierte er durch Graz und kam an einem Geschäft vorbei, das ausländische Produkte verkaufte. Dort sah er Jeans aus Amerika und Trainingsgeräte, wie er sie nur vom Hörensagen kannte. In diesem Geschäft entdeckte er auch das Bodybuilding-Magazin, das sein Leben verändern sollte.

Auf dem Cover war das Foto der Bodybuilder-Legende Reg Park, der bereits dreimal zu Mister Universe gewählt worden war und im Fernsehen bekannt war für die Rolle des Herkules.

Auf dem Magazin stand »Wie Reg Park vom Mister Universe zum Filmstar wurde«.

Der junge Arnold kaufte sich das Magazin, ging nach Hause und las den Artikel immer und immer wieder. Er saugte alles daraus auf. Er lernte, wie Reg Park trainierte, wie seine Einstellung zu harter Arbeit war und wie er zuerst Mister Europe und dann Mister Universe geworden war, bevor er für die Rolle des Herkules entdeckt wurde.

Arnold Schwarzenegger erzählte später, dass er, als er den Artikel las, genau wusste, dass er hier die Vorlage für seine Lebensgeschichte vor sich hatte. Er spürte intuitiv, dass dies genau das war, was er machen wollte: Er wollte ein Bodybuilding-Champion werden, er wollte Schauspieler werden und er wollte reich und berühmt werden – alles genauso wie Reg Park.

Als er sein Leben so vor sich sah, war er überglücklich, da er nun wusste, was er wollte.

Wir alle kennen den Rest der Geschichte. Schwarzenegger wurde mehrfacher Mister Universe, einer der bestbezahlten Schauspieler aller Zeiten und 38. Gouverneur von Kalifornien.

Viele Jahre später sagte er in einem seiner Vorträge, dass der Weg verhältnismäßig leicht ist, wenn man mal weiß, wohin er führen soll.

Schwarzeneggers Geschichte ist deswegen bemerkenswert, weil er sich dagegen gewehrt hat, den Weg zu gehen, den seine Eltern für ihn vorgesehen hatten, und stattdessen selbst festgelegt hat, wie seine Geschichte aussehen soll. Er ließ sich dabei zwar von anderen inspirieren, doch die Entscheidung, auf welches Leben er eines Tages zurückblicken wollte, hat er selbst getroffen.

In vielen Gesprächen mit erfolgreichen Menschen ist mir aufgefallen, dass sie ihre eigene Geschichte schreiben, anstatt die Erwartungen anderer zu erfüllen. Das unterscheidet zufriedene Menschen von den Jammerern, die ziellos durch ihr Leben irren und nicht wissen, warum sie tun, was sie tun.

Die eigene Geschichte vor sich zu sehen, ist das klarste Ziel, das ein Mensch für sich haben kann, und diese Klarheit schenkt Gelassenheit, da man weiß, was zu tun ist.

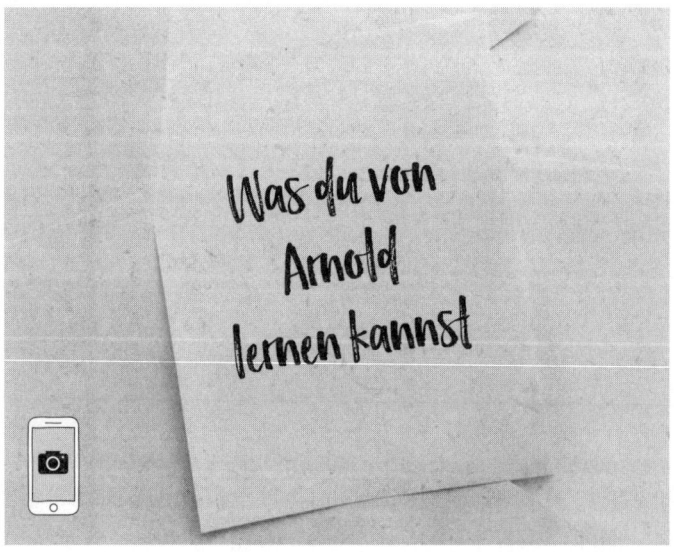

ÜBUNG: WELCHE GESCHICHTE PRÄGT DICH?

Diese Übung besteht aus zwei Teilen mit je drei Schritten. Bitte nimm dir dafür richtig viel Zeit – am besten einen freien Abend, damit du dich selbst nicht unter Druck setzt.

Teil 1 – deine ersten sieben bis neun Jahre

1. Die Story
Fangen wir an mit dem ersten Schritt. Denk an deine Kindheit, an die ersten sieben bis neun Jahre, und überlege dir, an welche Geschichte aus dieser Zeit du dich erinnerst. Das kann eine Geschichte aus einem Film oder aus einem Buch sein; nimm die Story, die dir als Erstes in den Sinn kommt, weil sie dich berührt hat. Nun gehe die Geschichte in Gedanken durch und achte darauf, worauf dabei dein Fokus liegt.

Die Geschichte, an die ich mich erinnere, wenn ich an meine Kindheit denke, ist die von Bambi, dem süßen Rehkitz, das seine Mutter verliert. Mein Fokus lag darauf, dass dieses junge Reh sich von nun an allein durchkämpfen muss.

Das Interessante an diesem Teil der Übung ist, dass jeder Mensch eine Geschichte anders auslegt. Ich hatte mal eine junge Führungskraft bei mir, die erzählte, dass sie sich gerne an Pippi Langstrumpf zurückerinnere. Für sie lag der Fokus der Geschichte darauf, dass ein junges Mädchen sich die Welt so macht, wie es ihr gefällt.

Einige Jahre später coachte ich eine ältere Dame, die ebenfalls von Pippi Langstrumpf sprach, jedoch den Fokus darauf legte, dass dieses Mädchen verwahrlost und allein aufwachsen musste.

Daran siehst du, wie weit unterschiedlich die Perspektiven sein können, aus denen man eine Geschichte betrachtet.

Nun zu dir, welche Geschichte ist dir eingefallen und worauf legst du dabei den Fokus? Notier dir beides.

2. Deine Rolle

Im zweiten Schritt schreibe auf, mit welcher Figur in der Geschichte du dich identifizierst und was dir an ihr besonders gefällt.

Interessanterweise habe ich mich anfangs mit Bambi, dem einsamen Reh identifiziert. Mit der Zeit aber fühlte ich mich noch mehr wie sein Freund Klopfer, der kleine Hase. Dieser Hase, so niedlich er auch ist, spielt eine immens wichtige Rolle, weil er für Bambi immer da ist und für gute Laune sorgt, wenn es Bambi schlecht geht. Seine Aufgabe besteht darin, immer das auszugleichen, was gerade fehlt.

Welche Figur hat es dir in deiner Geschichte besonders angetan und warum? Geh die Geschichte durch, finde die Figur, die dir am meisten zusagt, und dann überleg dir, warum ihre Rolle wichtig für die Story ist.

3. Der Preis, den wir zahlen

Wir haben im Leben für das, was wir tun, immer einen Preis zu bezahlen. Wollen wir zum Beispiel Kinder, dann müssen wir in Kauf nehmen, dass wir für viele Jahre unseres Lebens recht unflexibel sind und nachts häufig nicht durchschlafen können.

Im letzten Schritt stell dir nun die Frage, welchen Preis deine Figur in der Story zu bezahlen hat, damit sie das tun kann, was sie ausmacht.

Erfolgreiche Menschen, die ihren eigenen Weg gehen, sind sich immer bewusst, dass sie dafür einen Preis bezahlen.

Im Fall vom kleinen Hasen Klopfer ist der Preis, dass er sich selbst und seine Bedürfnisse zurücknehmen muss, um für Bambi da zu sein.

Legendär ist Karl Lagerfelds Satz zu diesem Thema in der Dokumentation »Lagerfeld Confidential«. Auf die Frage, ob er mit seinem Leben zufrieden sei, antwortete er: »Ich führe das Leben, dessen Preis ich ertragen kann.«

Jetzt denk wieder an deine Figur und ihre Fähigkeit, die sie für die Geschichte so wichtig macht. Welchen Preis hat deine Figur zu bezahlen, damit sie ihre Rolle gut erfüllen kann?

Das war der erste Teil der Übung. Jetzt kommen wir zum zweiten Teil. Seine Struktur ist die gleiche wie in Teil 1, nur dass wir hier keine Geschichte aus den ersten Jahren deines Lebens betrachten, sondern aus den gerade erst vergangenen.

Teil 2 – deine letzten sieben bis neun Jahre

1. Die Story

Wie schon in Teil 1 bitte ich dich, dass du dich an eine Geschichte erinnerst, die dich in den letzten Jahren stark berührt hat. Schreibe auf, worum es in der Story ging und worauf dein Fokus lag.

In meinem Fall ist es der Film »Coach Carter«. Es ist die Story eines Basketballcoachs, der eine Schulklasse mit Jugendlichen übernimmt, die nicht an sich selbst glauben. Und die anderen Lehrer geben ihnen auch keine Chance. Der Coach, gespielt von Samuel L. Jackson, sieht seine Rolle darin, diesen Jugendlichen die Verantwortung für ihr Leben näherzubringen. Für ihn ist das Spiel selbst ein Mittel, um ihnen eine Zukunftsperspektive zu geben. Kurz gesagt ist es die Geschichte von einer Truppe von Losern, die nur einen richtigen Arschtritt brauchen, um an sich selbst zu glauben.

2. Deine Rolle

Ebenfalls wie in Teil 1 bitte ich dich, nun die Figur zu finden, mit der du dich identifizierst, und auch, was dir an ihr gefällt.

In meinem Fall war es natürlich Coach Carter selbst, da er – koste
es, was es wolle – an diese Kids glaubt und den Sport dafür nutzt,
um ihnen zu zeigen, wie wichtig die Gemeinschaft für ihr späteres
Leben ist. Die Fähigkeit, die mir bei dieser Figur am meisten
gefiel, war der bedingungslose Glaube an die Kids.

Was ist es diesmal bei deiner Rolle, was du gut findest, was dich
inspiriert und was die Rolle ausmacht?

3. Der Preis, den wir zahlen

Mach dir auch diesmal den Preis bewusst, den deine Figur zu
bezahlen hat, damit sie ihrem Auftrag gut nachkommen kann.

Coach Carter hat im Film schlussendlich Erfolg und schafft es,
dass die Kids über sich hinauswachsen. Doch um das zu erreichen,
muss er akzeptieren, dass er lange Zeit der Buhmann ist,
gegen den alle rebellieren. Er weiß, dass er zu den Kids in gewisser
Weise hart sein muss, damit sie sein Lebenstraining durchhalten
und daran wachsen.

Welchen Preis hat deine Figur zu zahlen?

Sowohl bei Teil 1 als auch Teil 2 gilt, dass du gerne mit
jemandem über diese Fragen sprechen kannst. Mir hat es immer
geholfen, wenn ich diese Übung mit einem Freund gemacht
habe, der meine Geschichten kannte und mit dem ich mich über
die Figuren und deren Aufgabe austauschen konnte.

Und nun?

Jetzt wirst du dich fragen, was all diese Fragen mit dir selbst zu
tun haben.

Nimm dein Blatt Papier und sieh dir nochmals die beiden
Geschichten und deinen jeweiligen Fokus an. Sieh dir an, welche Figuren dich am meisten ansprechen, was diese so besonders
macht, und auch, welchen Preis sie zu bezahlen haben.

Ob du es glaubst oder nicht, diese Figuren mit ihren Eigenschaften und der Einsatz, den sie bringen, bilden, wenn man sie übereinanderlegt, mit großer Wahrscheinlichkeit die Heldengeschichte ab, zu der du aufgebrochen bist.

Es ist möglich, dass die beiden Geschichten sich widersprechen, doch das heißt nichts anderes, als dass du ein Leben zwischen zwei Welten leben möchtest und herausfinden musst, wie du aus einem Entweder-oder ein Sowohl-als-auch machst.

In meinem Fall hatten meine Geschichten gemeinsam, dass sie in der Welt der Underdogs spielen, die mit dem Rücken zur Wand stehen und dann irgendwie aus der Nummer rauskommen. Bambi, das plötzlich allein ist, und die Story von den Jugendlichen, die keine Zukunftsperspektive haben.

Die beiden Figuren in den Geschichten hätten auf den ersten Blick nicht unterschiedlicher sein können: auf der einen Seite ein süßer kleiner Hase, der Bambi beisteht, und auf der anderen Seite der knallharte Coach Carter, der scheinbar kein Mitleid kennt.

Mit ein bisschen Abstand bemerkt man allerdings, dass beide eines gemeinsam haben: in ihrer Rolle sind sie beide das, was die vermeintlichen Helden – Bambi und die Ghettokids – brauchen, um weitermachen zu können. Klopfer als der süße kleine Freund, der immer gut drauf is und Coach Carter als beinharter Schleifer, der den Kids Disziplin beibringt.

Und auch beim Preis, den es zu zahlen gilt, gibt es Parallelen: Sowohl Klopfer als auch Coach Carter müssen ihre eigene Gefühlswelt zurückstellen, damit sie das sein können, was die Helden brauchen, um zu wachsen.

Auch wenn »Bambi« und »Coach Carter« als Filme weit auseinanderliegen, so habe ich doch von beiden Charakteren etwas. Unbewusst habe ich immer danach gestrebt, Menschen zu helfen, die mit dem Rücken zur Wand stehen, und bin der, den sie brauchen, um weitermachen zu können.

Für mich ist dabei immer klar, dass ich in dieser Rolle meine
eigenen Bedürfnisse und Emotionen zurückstellen muss,
damit ich für diese Menschen da sein kann.

Wie geht es dir mit deinen beiden Geschichten? Erkennst du dich selbst wieder?

Gib dir vielleicht ein paar Tage Zeit, bevor du zu einer Antwort kommst, reflektiere deine Heldengeschichte und all die Übungen, die wir bisher gemeinsam gemacht haben, und greife erst wieder zu diesem Buch, wenn dein Bild von dir selbst klarer für dich geworden ist.

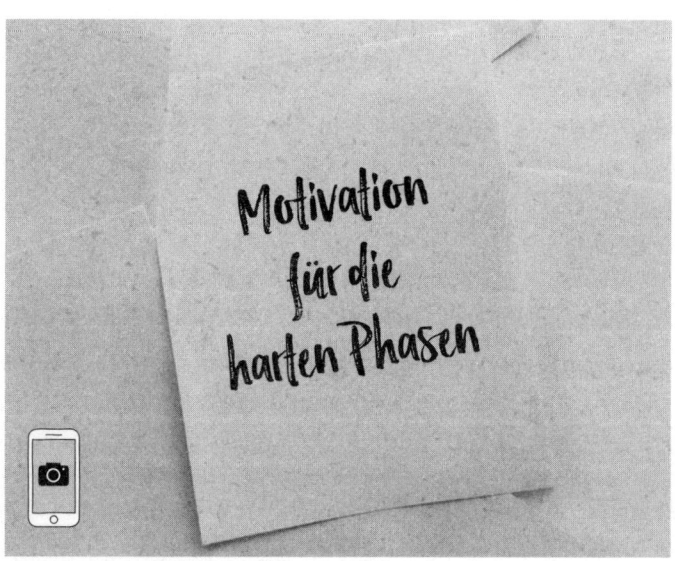

DEIN BESTES LEBEN

Das wunderbarste, edelste und schönste Wofür
bringt dir nichts, solange du es nicht auch lebst.
Denk nicht, es wäre genug, nur deiner Katze
und deinem Nachbarn davon zu erzählen.
Wenn du ansonsten nur auf der Couch darauf
wartest, dass jemand klingelt und dir sagt, was
du zu tun hast, wird es nie Wirklichkeit werden.
Denn das wird niemand tun!
Damit du von allein in die Tat kommst, begleitet
dich dieses Kapitel dabei, die richtigen Schritte
in der passenden Reihenfolge umzusetzen.

FINDE ETWAS,
DAS DU LIEBST

*» Was vor uns liegt und was hinter uns liegt,
ist nichts im Vergleich zu dem, was in uns liegt.
Wenn wir das, was in uns liegt, nach außen in die Welt tragen,
geschehen Wunder.«*

HENRY DAVID THOREAU

Du hast in diesem Buch verschiedene Ansätze ausprobiert, mit denen du deinem Wofür nähergekommen bist. Manches wird dir mehr gelegen haben, anderes weniger. Das ist normal, wir Menschen sind nun mal verschieden. Vermutlich wirst du durch die Vielzahl der Übungen aber in jeden Fall ein Gefühl dafür bekommen haben, was dir Spaß macht und Kraft gibt. Und das ist entscheidend, wenn du auf dem Weg bist, dein Wofür zur Richtschnur deines Lebens zu machen.

DER PFAD DES GELINGENS

Der für seine Arbeit auf dem Gebiet der Sinnsuche bekannte Psychologe Dr. Bardia Monshi nennt den Weg, der einen Menschen zu einem glücklichen, erfüllten Leben führt, den »Pfad des Gelingens«.

Erfolgreiche und zufriedene Menschen erzählen oft, dass sie auf ihrer Lebensreise irgendwann die eine große Sache gefunden haben, die ihnen Freude macht und die sie erfüllt – ihr Wofür. Sie haben dieses Wofür aber in den meisten Fällen nicht von jetzt auf gleich entdeckt, sondern das war ein längerer Prozess, eine Suche mit Höhen und Tiefen, Sackgassen und Umwegen. Nie aber haben sie während dieser Zeit die Hände in den Schoß gelegt und gewartet, ob ihr Wofür sich von allein zeigt, sondern die Menschen haben sich mit vielen verschiedenen Dingen beschäftigt, Dingen, die jedoch alle eine Sache gemeinsam hatten: Sie haben ihnen Energie, Freude und ein Gefühl der Erfüllung gegeben. Damit wurden die Beschäftigungen zu Wegweisern auf dem Weg zum großen Wofür.

Dein Wofür winkt dir nicht zu, nur weil du dich entschieden hast, jetzt dafür bereit zu sein. Eher ist es so, dass du in ein Kraftfeld treten musst, in dem dein Wofür sich zeigen kann.

In einfachen Worten: Du musst anfangen, dich mit etwas zu beschäftigen, von dem dein Bauch (nicht dein Kopf!) dir sagt, dass du es liebst, dass du es

Ihr Wofür zeigt sich denen, die sich um positive Emotionen bemühen und so eine Anziehungskraft für alle weiteren Bausteine aufbauen, die Teil des großen Ganzen sind.

gerne machst und dass es dich in die richtige Richtung bringt. So richtest du deinen inneren Kompass auf die positiven Emotionen deines Wofürs aus.

Das Leben ist kein Sprint, es ist ein Marathon, bei dem der Weg das eigentliche Ziel ist. Manchmal kann dieser Weg dich vor jede Menge Herausforderungen stellen. Tust du allerdings etwas, das du liebst, versorgt dich dies mit positiven Emotionen. Dadurch wirst du auch die großen Hürden meistern und mit Rückschlägen umgehen können.

Das bedeutet, du musst dich entschließen, ab sofort einen großen Teil deiner Zeit mit Dingen zu verbringen, die dir Spaß machen und dich glücklich stimmen. Du brauchst diese Zufuhr an positiven Emotionen, damit deine Antennen dafür geschärft werden, das Gute zu entdecken, das dich weiterbringt, statt dass du von destruktiven Gedankenmustern runtergezogen wirst.

Sei offen für Zeichen

Menschen, die bereits auf ihrem Pfad des Gelingens unterwegs sind, berichten häufig, sie hätten irgendwann das Gefühl gehabt, die Welt gebe ihnen Zeichen, dass sie auf richtigen Weg sind. So trafen sie »zufällig« andere, durch die sie genau das erfuhren, was sie wissen mussten, damit sich ein neuer Baustein zeigte. Diese Menschen erzählen gerne von »zufälligen« Ereignissen, die so unfassbar sind, dass es kein Zufall gewesen sein kann.

Ich selbst habe so etwas früher nicht für möglich gehalten – bis ich mich selbst auf die Reise gemacht habe und immer mehr ins Handeln kam. Dann traf auch ich plötzlich Menschen und machte Erfahrungen, die mich in meinem Tun nicht nur bestärkten, sondern mir genau die Informationen oder Erkenntnisse brachten, die mir in dem Augenblick für mein Voranschreiten fehlten.

Darum lass dir eines gesagt sein: Es ist das Tun, das dich von den Menschen unterscheidet, die über ihr fehlendes Wofür jammern.

Egal ob du dich in einem Verein engagierst, auf Leinwand malst, Holzkunstwerke bastelst, nächtelang durchtanzt oder durch einen Wald wanderst – solange es dich glücklich macht, dir Energie schenkt und du dabei die Zeit vergisst, solltest du es ab jetzt regelmäßig machen.

Es ist das TUN, das dich auf den Pfad des Gelingens führt und dich in deine Kraft bringt.

So bekommst du Zugang zu positiven Emotionen, die dich in die richtige Richtung lenken. Wenn möglich ist es natürlich ideal, diesen Tätigkeiten täglich nachzugehen.

Diese Zufuhr an positiven Emotionen wird es sein, die den Grundstein für deinen Pfad des Gelingens legt. Auf ihm werden deine Träume, deine Wünsche und deine Vision den Platz bekommen, den sie in dieser Welt brauchen.

SCHLIESSE EINEN VERTRAG MIT DIR SELBST

>*»Du vergeudest deine eigene Persönlichkeit,*
>*wenn du jemand anders sein willst.«*
>
> MARYLIN MONROE

Wir sind nun an einem Punkt angelangt, wo dir eines klargeworden sein dürfte: Egal, was du denkst, du wirst recht damit behalten. Wenn du denkst, deine Wünsche seien unerreichbar und dein Wofür sei zu groß, dann wird das stimmen. Bist du dir aber mit jeder Zelle deines Körpers sicher, dass deine Wünsche nicht nur in deinem Kopf, sondern auch in dieser Welt einen Platz haben und du dein Wofür leben wirst, so wird das genauso stimmen.

Was immer wir von uns denken, es ist die Wahrheit.

Glaubst du nicht an dich selbst und deine Möglichkeiten, dann wirst du all die Chancen und Situationen, die dich zu deinem Glück führen könnten, nicht sehen. Wohingegen du, wenn du mit offenem Herzen und dem Wissen, dass dein Denken deine Zukunft bestimmt, von einer Chance zur nächsten läufst und auch in Situationen, die aussichtslos erscheinen, Lösungsmöglichkeiten entwickeln wirst.

Ich kann dir nicht oft genug sagen, wie wichtig es ist, das Wissen um diese Wahrheit bei allem, was du tust, in dir zu tragen. Auf diese Weise wirst du zu Dingen fähig sein, die niemand in deinem Umfeld für möglich gehalten hätte. Du wirst mehr Glück erfahren, als du dir je erträumt hast, und auch in schweren

Zeiten deinen Mut, deine Hoffnung und deinen Humor nicht verlieren. Probleme werden zu Herausforderungen, an denen du wächst und durch die du noch mehr aufblühst. Glaub mir, ich weiß, wovon ich spreche.

DER VERTRAG

Es ist daher von zentraler Bedeutung, den Glauben an dich und deine Ziele immer wieder zu stärken und nie aus dem Auge zu verlieren, wofür du antreten willst in deinem Leben.

Nachdem du in diesem Buch schon einige Vereinbarungen mit dir selbst getroffen hast, die wichtig waren, damit du lernst, deine Entscheidungen bewusster zu fällen, bitte ich dich nun, einen richtigen Vertrag mit dir selbst abzuschließen. Einen Vertrag, in dem du festhältst, was du anstrebst und welchen Preis du dafür zu bezahlen bereit bist. Mit diesem Vertrag musst du ab jetzt deine Visionsarbeit machen, ganz so, wie du es mit anderen, ähnlichen Visualisierungen, die du in diesem Buch kennen gelernt hast, geübt hast.

Verfahre mit diesem Vertrag genauso, wie du es bereits gelernt hast, also stell dir vor, wie du bereits dort angekommen bist, wo du hingehörst.

Dieser Vertrag und seine regelmäßige Visualisierung ist von großer Wichtigkeit, um deiner inneren Ausrichtung auf deine Erfüllung und dein Wofür die nötige Unterstützung zu geben.

Ein guter Vertrag lässt keine Fragen offen und gleicht einem Begleiter in unsicheren Zeiten.

Er sollte all das beinhalten, was wir miteinander erarbeitet haben und was Teil deiner Reise und deines Lebens sein soll. Formuliere ihn so, wie du ihn schreiben würdest, wenn du ein knallharter Autoverkäufer wärst. Statt eines Autos sind die folgenden Punkte und Fragen Teil deines Vertrages:

DER VERTRAG DEINES LEBENS

◇ Deine Idealwelt – deine Vision
◇ Welche Rolle wirst du einnehmen und wie wird diese zu deiner Vision beitragen?
◇ Wie wird dein Tun das Leben anderer Menschen beeinflussen?
◇ Welche Fähigkeiten wirst du haben?
◇ Träume, die du auf diesem Weg erleben wirst
◇ Welchen Preis bist du zu bezahlen bereit?

Wie du deinen Vertrag genau formulierst, überlasse ich dir. Wichtig ist nur, dass all diese Punkte vorkommen und du dir das, was du geschrieben hast, regelmäßig laut vorliest. Dieser Vertrag ist das Einzige, was du jetzt wirklich noch brauchst – alle andere Übungen und Reflexionen dienten dazu, um dich an diesen Moment heranzuführen. Trotzdem spricht natürlich nichts dagegen, sie dennoch weiterzumachen, wenn sie hilfreich für dich sind.

Ach ja, du kannst den Vertrag übrigens gestalten, wie du möchtest. Ich hatte früher immer geschriebene Verträge, bis ich irgendwann dazu übergegangen bin, sie ähnlich einer Landkarte aufzuzeichnen. Ich kenne auch Menschen, deren Vertag eine Ansammlung von Karteikarten ist, die sie täglich durchgehen und sich selbst laut vorlesen.

Wichtig ist auch, dass du diesen Vertrag unterschreibst, und zwar zweimal. Einmal als dein ehemaliges Ich und einmal als dein neues Ich, das sein Leben in die Hand nimmt. Diese beiden Unterschriften besiegeln, dass du die Veränderung wirklich willst und sie nicht nur ein Lippenbekenntnis ist.

DEINE ZEUGEN

Ich erlebe leider immer wieder, dass Menschen einen Vertrag mit sich schließen, ihn stolz unterschreiben und dann, wenn es darum geht, damit vor die Welt zu treten, sich nicht trauen, öffentlich dazu zu stehen.

Sie haben Angst, wegen ihrer Wünsche und ihrem Streben nach einem erfüllten Leben von ihrer Umgebung ausgelacht oder für Traumtänzer gehalten zu werden.

Merk dir Folgendes: Erstens – Traumtänzer sind unfassbar toll und wichtig für diese Welt der vielen Nein-Sager, die an ihrem Starrsinn fast ersticken, und zweitens – wenn du nicht zu deinem eigenen Weg stehst, wie willst du ihn dann jemals gehen? Wenn du dich ständig für das schämst, was aus dir herauswill, wie soll es dann jemals in dieser Welt seinen Platz finden? Wenn du dich dafür rechtfertigst, dass du mehr für dein Leben willst, wie willst du dann Dinge tun, die vor dir noch nie irgendjemand getan hat?

Nein, so läuft das nicht – du sollst nicht nur, du *musst* deine Traumliste in die Welt bringen und dafür sorgen, dass du deinen Weg im Alltag nicht vergisst.

Schicke daher eine Kopie deines Vertrags an drei Personen, denen du wichtig bist und denen du vertraust. Menschen, von denen du weißt, dass sie das Beste für dich wollen und dich respektieren.

Falls du Angst hast, deine Ideen der Welt mitzuteilen, so geh genau durch die Angst durch und schrei sie raus.

Bitte diese Menschen, deinen Vertrag bei sich aufzubewahren und dich immer wieder danach zu fragen, wie es mit der Umsetzung deines neuen Lebens steht. Ihre Aufgabe ist es, der sanfte Wecker oder der laute Alarm zu sein, den wir manchmal brauchen, wenn die erste Euphorie unseres Vorhabens abnimmt und die Energiesauger unseres Alltags unsere Vorhaben aufzufressen drohen.

Die drei Personen sind deine Zeugen, die dich immer wieder daran erinnern, wo du stehst. Sie brauchen dir nicht bei deinen Zielen zu helfen oder Dinge für dich zu übernehmen, ihre Aufgabe besteht nur darin, von deinem Vorhaben zu wissen und darauf zu achten, dass du es selbst nicht vergisst.

Vergiss nicht: Wir scheitern nicht, weil wir zu hohe Ziele haben, sondern weil wir sie nicht konsequent verfolgen.

Die meisten Menschen, die ein sinnentleertes Leben führen und trotz mehrerer Versuche nicht in ihre Kraft kommen, scheitern nämlich nicht an ihren Zielen, sondern an zwei anderen Dingen: Sie fangen nie richtig an oder sie vergessen irgendwann, dass sie sich eine andere Zukunft schaffen wollten. Daher hol dir die Unterstützung, die du brauchst, damit du nicht in dieselbe Falle tappst. Du wirst sehen, auf diese Weise kommst du deinen Zielen Schritt für Schritt näher – bis du sie irgendwann glücklich erreicht hast. Das ist ein fantastisches Gefühl, glaub mir!

TU ES EINFACH

»Die Zukunft hängt davon ab, was wir heute tun.«

MAHATMA GANDHI

Nike hat diesen genialen Slogan »Just Do It«. Der Satz klingt simpel, doch er beinhaltet alles, was du jetzt zu tun hast:

FANG AN!

Rede dir nicht ein, dass du noch mehr Inspiration, Zeichen, Aufmunterungen oder Heldenstorys brauchst. Wer wirklich etwas bewirken will, der wartet nicht, der macht.

Du wurdest nicht mit so vielen Talenten und Fähigkeiten geboren, damit du dein Dasein als Erwartungsträger deiner Umgebung fristest. Wir Menschen sind echte Wunder und wer das nicht sieht, der hat vergessen, dass dieses Leben endlich ist.

Noch nie hat ein Mensch Berge versetzt, indem er sie nur angesehen hat.

Indem du zu diesem Buch gegriffen hast, bist du schon auf der Seite der Menschen, die wissen, wie echte Veränderung geschieht: Es ist immer und überall die Umsetzung, die 99 Prozent eines Erfolgs ausmacht, niemals die Idee dahinter.

LASS DIR ZEIT

Doch stopp! Bevor du jetzt lospreschst und hoffst, sofort Ergebnisse produzieren zu können, mach dir eines klar: Es bringt nichts, ungeduldig zu sein. Damit löst du dein Problem nicht, sondern machst es nur noch größer und noch unangenehmer.

Unser Leben kann sehr lang sein, wenn wir verstehen, dass es mit der Länge unseres Seins immer interessanter wird und wir uns immer besser kennenlernen.

Nicht nur durch meinen eigenen Weg, sondern auch durch die Gespräche mit vielen tausend Menschen ist mir bewusst geworden, dass wir uns die ersten dreißig Jahre unseres Lebens keinesfalls stressen lassen sollten. Danach natürlich auch nicht, doch diese ersten dreißig Jahre sollten wir besonders gechillt sein, weil wir uns in dieser Zeit häufig selbst nicht gut genug kennen, um zu wissen, was wir eigentlich wollen.

Die ersten dreißig Jahre unseres Lebens brauchen wir, um uns selbst erst einmal richtig kennenzulernen.

Bis zu unserer Volljährigkeit sind wir im System Schule gebunden und davor nur bei unserer Familie. So etwas wie mentale Freiheit bricht also überhaupt erst an, wenn wir unser Abschlusszeugnis in der Tasche haben. Wir bekommen zwar immer zu hören, dass die Schule uns auf das Leben vorbereitet, doch wenn wir die Schule dann verlassen, merken wir, was wir alles *nicht* wissen. Und dann geht unsere echte Reise meist erst los.

Es braucht Zeit, damit wir all das, was wir an Glaubensmustern und Haltungen von anderen übernommen haben, erkennen, es dann ablegen und uns freimachen, um unser eigenes Bild von der Welt zu formen und unser Wofür zu finden. Nimm dir diese Zeit!

Und trotzdem – komm ins Tun. Jetzt sofort!

Beides ist kein Widerspruch, sondern eine Einladung, dein Jammern, deine Verzweiflung und deine sinnlosen Freizeitvergnügen dagegen einzutauschen, deinem Pfad des Gelingens zu folgen. Damit meine ich: Finde Dinge, die dir Freude machen und dich erfüllen, und tu sie. So oft wie möglich.

Du wirst merken, dass die Lebenserfahrungen, die du mit einem freien Geist machst, dir dabei helfen, dich selbst zu erkennen und zu spüren, was du willst und was du nicht willst.

Also, in den ersten gut dreißig Jahre des Lebens geht es darum, sich auszuprobieren, zu testen und sich an der Welt zu reiben. In dieser Zeit brauchst du nicht wissen, was genau es ist, das du willst, solange du dich auf die Entdeckungsreise machst, Dinge zu finden, die du gern tust, die du liebst.

Versteif dich allerdings nicht darauf, dass nur deine ersten dreißig Jahre Phasen des Probierens sind. Im Grund ist das ganze Leben ein großes Experiment, bei dem wir im besten Fall ständig testen, was wir wollen und was möglich ist. Wichtig ist, dass wir zulassen, dass es immer wieder Phasen gibt, in denen wir nicht wissen, wohin die Reise geht, und uns deshalb nicht stressen.

Auch heute habe ich noch immer Zeiten, in denen ich mich treiben lasse und spüre, dass jeder Versuch, mein nächstes Wofür zu erfassen, mich stressen würde. In diesen Phasen treffe ich bewusst keine Entscheidungen, sondern lasse mich vom Leben überraschen.

SAG JA

Die Kunst, ein erfüllendes Leben zu führen, besteht übrigens selten darin, dass wir die eine richtige Entscheidung treffen, sondern dass wir der Welt und ihren Wundern gegenüber offen bleiben. Es geht um geistige Beweglichkeit und die Frage, wie sehr wir für die Prüfungen, die Möglichkeiten und Hinweise des Lebens bereit sind.

Wer ja sagt, der entscheidet sich bewusst dafür, einem Weg eine Chance zu geben.

Wie oft höre ich von Menschen, dass sie eine Chance nicht nutzen, weil diese nicht ideal zu ihrer Karriereplanung passt. Diese Menschen warten auf das perfekte Match oder genau den richtigen Augenblick, übersehen allerdings, dass es beides nur dann gibt, wenn sie innerlich bereit dafür sind, dass die Chancen sie finden.

Nachdem du deinen Vertrag mit dir abgeschlossen und begonnen hast, Teile deiner Zeit mit etwas zu verbringen, das du liebst und das dir Energie gibt, geht es darum, dass du deine Beweglichkeit trainierst. Konkret bedeutet dies, zu allem Ja zu sagen, was deinen Weg kreuzt.

Ich weiß schon, die ganzen Produktivitätsgurus reden davon, dass man Nein sagen lernen soll, und damit haben sie auch recht – allerdings gilt das für Menschen, die ihren Weg bereits gefunden haben. Wenn diese sich mit zu vielen anderen Möglichkeiten konfrontiert sehen, die sie eher wieder von ihrem Weg abbringen würden, ist es für sie gut, dazu Nein zu sagen. Glaub mir, ich selbst kämpfe heute auch noch damit, dass ich zu viel mache, weil die Möglichkeiten dieser Welt nicht weniger, sondern mehr werden, je mehr man das tut, was man liebt.

Solange du aber deinen Weg noch nicht gefunden hast, solltest du zu allem, was dir begegnet, erst einmal Ja sagen, weil du dadurch die Anzahl der Zufälle erhöhst, die dich auf deinen Pfad des Gelingens bringen können und dir zeigen, dass du in der richtigen Richtung unterwegs bist.

Das Jasagen lässt dich auch an Tempo gewinnen, weil du plötzlich merkst, dass das Leben die belohnt, die offen sind, bei Angeboten und Möglichkeiten mitzumachen.

Hab keine Sorge, dass dir die Dinge zu viel werden, du wirst mit der Zeit ein Gefühl dafür bekommen, wo du deine Energie reinstecken willst, und dein Ja zu diesen Angeboten

Wichtig ist die Regel, in unsicheren Zeiten keine finale Entscheidung zu treffen, sondern das weiterzumachen, was man gerade tut, auch wenn dies bedeutet, zwei Dinge parallel zu probieren.

wird umso kräftiger sein. Die Angebote, die nicht zu dir gehören, werden mit der Zeit weniger, da du durch dein Tun natürlich auch immer mehr dein Profil schärfst. Menschen erkennen dann, wofür du stehst und bei welchen Themen sie dich einbinden können.

Ich habe dir erzählt, dass ich parallel zu meinem Job als Lehrer an whatchado gearbeitet habe. Viele meiner Kumpels haben mir damals davon abgeraten, weil sie meinten, dass man nur eine Sache wirklich gut machen kann, und meistens stimmt das meiner Erfahrung nach auch. Doch manchmal tun sich im Leben Türen auf, durch die man einfach treten muss, ohne sie gleich hinter sich zu schließen.

Auf vielen Hochzeiten zu tanzen ist anstrengend, auf der Reise zu deinem Wofür jedoch unausweichlich.

Ich rate allen Menschen, die sich auf ihre Reise machen, nicht sofort ihren Job zu kündigen, sondern sich ungefähr ein Jahr Zeit zu nehmen. In dieser Zeit sollten sie alle Angebote, die ihnen Spaß machen, Energie geben und ihrem Wofür näherbringen, parallel zu dem Leben leben, dass sie aktuell führen. Natürlich nur in dem zeitlichen Ausmaß, wie es möglich ist. Sie brauchen auch nicht zu verzweifeln, wenn ihnen für ihre Leidenschaft nur drei Stunden die Woche bleiben. Das ist besser als keine Sekunde mit etwas zu verbringen, bei dem das Herz Freudentränen lacht. Gut möglich, dass diese Menschen am Ende des Jahres wissen, womit sie die nächsten Jahre ihres Lebens verbringen wollen.

GEH IN DIE RUHE

»Wenn man seine Ruhe nicht in sich findet,
ist es zwecklos, sie andernorts zu suchen.«
FRANCOIS DE LA ROCHEFOUCAULD

Die Werbung will uns weismachen, dass ein erfolgreiches Leben einem Urlaub unter Palmen gleicht. Wenn wir es geschafft haben, genug Geld zu verdienen, um niemals wieder arbeiten zu müssen, verbringen wir den ganzen Tag am Strand unter Palmen … Also wer sich diesen Bullshit ausgedacht hat, der gehört geteert und gefedert, laufen doch so viele Menschen diesem Ideal hinterher, das nichts mit der Realität zu tun hat.

Ich habe noch nie einen erfolgreichen Menschen getroffen, der komplett tiefenentspannt tagein, tagaus in der Hängematte liegt. Eher sind diese Menschen so sehr in ihrer Kraft und so begeistert von ihrem Leben, dass sie einem Kind auf einem Spielplatz gleichen. Anstatt gemütlich von der Rutsche zur Schaukel zu schlendern und dann erst gemächlich die anderen Möglichkeiten zu inspizieren, jagen sie über das Gelände und wollen alle Spielgeräte gleichzeitig ausprobieren.

»Du verhältst dich aber kindisch«
ist die Beschreibung der Macher
unserer Zeit. Versuch so ein
Macher zu werden.

Egal ob ich mit erfolgreichen Investoren, Gründern, Mitarbeitern von Nichtregierungsorganisationen oder einem glücklichen U-Bahn-Fahrer spreche, bei allen zeigt sich, dass ihr Kopf niemals ruhig ist, weil sie immer daran denken, was sie noch besser machen könnten.

Doch so schön es ist, seine Energie und Kraft zu spüren, so wichtig ist es auch, in der Ruhe seine Richtung zu finden.

UMARME DEINE UNRUHE

Innere Ruhe und die Dynamik des Handelns sind keine Widersprüche, wie du vielleicht auf den ersten Blick denken würdest, sondern eigentlich die besten Freunde. Es ist deine innere Ruhe, die dich lenkt, deine Energie punktgenau und hocheffizient einzusetzen.

So sehr wir uns Ruhe wünschen, so laut ist unsere Welt. Wer es trotzdem schafft, darin Ruhe zu finden, der ist zu (fast) allem fähig.

Erst in der Ruhe finden wir Menschen unseren Fokus, weil wir dann Dinge sehen, die uns, wenn wir in Eile sind, verborgen bleiben. In unserer Welt jagen die meisten Menschen gehetzt von Chance zu Chance. Sie sind getrieben von der Angst, etwas zu verpassen. Diese Angst stürzt viele Sinnsuchende in eine Depression und verhindert, dass sie die Chancen, die sich vor ihnen auftun, richtig nutzen.

Der Fokus der inneren Ruhe und Entspannung ist es, der dir all die Dinge aufzeigt, die du ansonsten übersehen würdest.

Entspannung hilft

Stell dir vor, du bist mit dem Auto unterwegs und stehst im Stau. Du weißt, dass du in zehn Minuten ein wichtiges Meeting hast, und wegen des Staus bist du erst jetzt in die Straße eingefahren, in der dein Termin stattfindet. Wie es der Teufel so will, ist dort kein Parkplatz zu finden und aus den zehn Minuten werden schnell nur noch fünf. Du spürst, wie in dir Unruhe und Panik hochkommen und die Parkplatzsuche zunehmend stressiger wird. Nach zwanzig Minuten erst findest du einen Parkplatz, der natürlich auch noch enorm weit weg ist. Auf dem Weg zu deinem Termin entschuldigst du dich schon mal vorab per SMS und kommst verschwitzt, genervt und deutlich zu spät an.

Nach deinem Termin wird dein Stress noch dadurch gekrönt, dass du in der Eile der Parkplatzsuche das Schild mit der

Kurzparkzone übersehen hattest und sich der Staat nun über 40 Euro für einen Strafzettel freut.

Während es Menschen gibt, bei denen fast jede Parkplatzsuche zu einem Desaster wird, gibt es andere, die man mit Fug und Recht als Glückspilze bezeichnen kann. Diese Menschen können zur selben Zeit in dieselbe Straße einfahren und finden fast immer schnell einen Parkplatz.

Wie ist das bloß möglich? Haben diese Menschen das Glück gepachtet, oder sind ihre Autos einfach kleiner? Nein, keins von beidem.

Es gibt Phasen, da scheint es, als hätte sich die Welt gegen dich verschworen. Entspann dich, das geht allen Menschen so.

Eher zeigt sich, dass diese Menschen gerade in stressigen Situationen, wie der Parkplatzsuche unter Zeitdruck, tiefenentspannt an die Sache herangehen. Und weil sie so entspannt sind, sehen sie zum Beispiel eher die Person, die gerade mit einem Autoschlüssel in der Hand die Straße entlanggeht – ein ziemlich sicheres Anzeichen dafür, dass gleich ein Parkplatz frei wird.

Hilfen, um ins Hier und Jetzt zu kommen

Einer der Faktoren für ein gutes Leben ist die Fähigkeit, den eigenen Fokus auf das Hier und Jetzt zu legen und mithilfe der dadurch entstehenden Grundruhe in einen Zustand zu kommen, in dem glückliche Zufälle einen finden können. Daher haben wir in diesem Buch auch bereits die ALI-Atemübung gelernt, mit der du dich in stressigen Situationen schnell wieder erden kannst.

Zusätzlich zur ALI-Übung habe ich noch etwas für dich, das dir dabei helfen wird, deinen Geist und deine Gedanken zu beruhigen. Es gibt im Internet eine riesige Anzahl von Atem- und Meditationsübungen und ich bin mir sicher, dass du viele finden wirst, die dir zusagen. Trotzdem habe ich mir erlaubt, dir zusätzlich als Begleitung zu diesem Buch noch einige Übungen und Meditationen zusammenzustellen, die genau auf das Thema abgestimmt sind, wegen dem du dieses Buch in Händen hältst. Es ist eine Ansammlung an von mir eingesprochenen Achtsamkeits- und Sinnübungen, angereichert mit Meditationen, die dir dabei helfen, zu dir zu finden.

Lade dir dazu für dein Smartphone die App »eleMental« runter (Symbol ist ein Elefant mit Kopfhörern). Die App gibt es sowohl im Apple App Store als auch im Google Play Store zum Download. Sowohl die App als auch meine für dich eingesprochenen Übungen und Meditationen sind komplett kostenfrei. Du findest sie in der App in der Kategorie »Ali Mahlodji«. Die App ist selbsterklärend und ein guter Begleiter, um deinen Geist und deine Gedanken auf den Pfad des Gelingens einzustimmen.

Es ist schon interessant, dass die Welt der Technologie die größten Ablenkungen bietet, doch gleichzeitig auch manchmal die besten Lösungen parat hat.

ERZÄHL DEIN WOFÜR DER WELT

»Gemeinschaft ist nicht die Summe von Interessen,
sondern die Summe an Hingabe.«

ANTOINE DE SAINT-EXUPERY

Noch so eine Sache, die das Leben für viele, die sich auf ihrer Reise zu sich selbst befinden, schwer macht, ist unser landläufiges Heldenbild. Das suggeriert uns nämlich, dass die Helden dieser Welt immer einsame Schweine sind. Egal ob Batman, Superman oder einer ihrer Kollegen, ständig machen sich der Held oder die Heldin komplett allein auf den Weg, um die Welt zu retten.

Eine Sache hast du mit diesen Helden natürlich gemeinsam: Du willst auch die Welt retten, also deine. Aber das war's dann auch schon mit den Gemeinsamkeiten, denn während sie einsam und allein vor sich hin kämpfen, weißt du, dass es sehr viel smarter ist, in der Gemeinschaft etwas zu erreichen.

Ein Fußballmatch gewinnt nicht der Torschütze, sondern die gesamte Mannschaft – inklusive der Ersatzspieler und ihrem Glauben.

IM TEAM GEWINNEN

Die besten Sportler der Welt, die wichtigsten Unternehmer und die größten Visionäre – sie alle sind nichts ohne ihr Team oder ihre Kollegen. Michael Jordan war der beste Spieler der Welt, doch ohne seinen Vize Scottie Pippen und die Chicago Bulls wäre er nur ein talentierter Spieler ohne Erfolge gewesen. Dasselbe gilt für jeden, der in dieser Welt etwas auf die Reihe bekommen möchte.

Auch wenn du kein Unternehmen gründen willst, sondern etwas ganz anderes vorhast, ist es unbedingt notwendig, dass du dich mit Menschen umgibst, die dein Supportteam werden. Am besten sind es Menschen, die in dieselbe Richtung blicken wie du und sich genauso mit Persönlichkeitsentwicklung auseinandersetzen. Auf jeden Fall müssen es Leute sein, deren Energie sich mit deiner gut vermischen lässt, damit ihr euch gegenseitig Kraft schenkt.

Wenn du bisher gedacht hast, dass nur Ellbogen dich weiterbringen, so will ich dich jetzt davor warnen – alle Ellbogen, mit denen du dich durchs Leben kämpfst, kommen zu dir zurück. Und so ein Leben willst du nicht, glaub mir.

Erst im Team erkennen wir, woran wir bisher nicht gedacht haben. Erst in der Gemeinschaft zeigt uns jemand, zu was wir überhaupt fähig sind.

Was in dieser Welt der Möglichkeiten zählt, ist die Weisheit, dass jeder Mensch, der dich umgibt, mindestens eine Sache weiß, die du noch nicht kennst. Und wenn du dich mit Gleichgesinnten umgibst, findest du zahlreiche Wege und Möglichkeiten, die du allein niemals gefunden hättest.

Während du in der Schule gelernt hast, dich auf deine Schwächen zu konzentrieren, empfehle ich dir das Gegenteil: Konzentriere dich nur auf deine Stärken und deine Vision und hole Menschen mit ins Boot, die das ausgleichen, was dir fehlt. Glaub mir, für alles, was dir keinen Spaß macht, gibt es eine Person, die dabei aufblüht.

Als ich whatchado gründete, starb ich tausende Tode, wenn ich die Buchhaltung machen musste. Ich war enorm langsam darin, es machte mir keinen Spaß und ich fühlte mich dabei wie der letzte Idiot. Und jetzt stell dir vor, es gab tatsächlich Menschen, die mich bei meinem Traum begleiten wollten *und* Spaß an Buchhaltung hatten. Das sind echte Win-win-Situationen, in denen ein gemeinsames Anliegen Menschen eint und jeder das mitbringt, was ihm Spaß und Freude macht. Die Ladung positiver Emotionen und damit die Energie werden enorm erhöht.

Doch solche Menschen kommen natürlich nicht von allein in dein Leben. Du musst ihnen schon die Möglichkeit geben, dich zu finden.

Sei offen

Daher weihe ich dich nun in ein Geheimnis ein, das in einer Welt voller Neider einem großen Tabubruch gleichkommt: Erzähle so vielen Menschen wie möglich von deinem Wofür und deiner Reise zu dir selbst.

Viele von uns haben Angst, dass sie ausgelacht werden oder ihr Wofür geklaut wird, wenn sie sich offen dazu bekennen. Doch ich kann dich beruhigen. Du bist so einzigartig, dass kein Mensch deine Kopie sein kann. Du bist nun mal am besten darin, du selbst zu sein, und wenn du dein Wofür in groben Zügen skizzieren kannst, dann entfaltet es nur in Kombination mit dir als Person sein volles Potenzial.

Und sollte dich tatsächlich mal jemand wegen deinen Plänen auslachen, musst du dankbar sein. Dankbar, dass du erkennen durftest, auf wen du dich verlassen kannst und wer dir später nur im Weg stehen würde.

Umgib dich mit Menschen, die dich auf deiner Reise anlächeln und dir Kraft schenken, und meide die, die dich auslachen.

Obwohl mir viele davon abgeraten haben, meine whatchado-Idee der Welt zu erzählen, habe ich sie auf jeder Party rausposaunt.

Was dabei herauskam, waren Wunder, die wir uns nicht besser hätten wünschen können. Sowohl unsere ersten Fernsehauftritte zur Hauptsendezeit als auch die Bekanntschaft mit unserem ersten Investor verdankten wir der Tatsache, dass fremde Menschen mich mit meiner Idee kennengelernt haben und spürten, dass ich es ernst meine. Da ich sie mit meiner Euphorie und meiner eigenen Überzeugtheit angesteckt habe, erzählten sie meine Story und mein Anliegen in ihrem Freundeskreis herum und wurden so zu meinem Sprachrohr.

Seit ich auf meinem Weg bin, mache ich die Erfahrung, dass uns nur wenige Menschen ihre Hilfe verweigern. Solche Menschen muss ich heute mit der Lupe suchen. Dieselbe Erfahrung machen auch andere Leute, die ihrem Weg folgen oder auf der Suche danach sind und eine positive Grundhaltung mit sich in die Welt tragen. Es stimmt schon, wenn man sagt, dass man bekommt, was man ausstrahlt.

Erzähl der Welt, wofür du stehst. Du wirst dich wundern, wie viele Unterstützer sich zu dir gesellen.

Vergiss niemals, dass es in dieser Welt viele Menschen gibt, die helfen wollen – doch es kann nur dem geholfen werden, der sagt, was er braucht. Deine Vision von der Welt muss raus in die Welt, und zwar bei jeder Gelegenheit. Hab keine Angst, dass deine Idee zurückgewiesen wird. Eher werden Menschen irritiert sein und vielleicht sogar etwas neidisch, dass du deinen Träumen und deiner Vision einen großen Platz einräumst.

UMGIB DICH MIT ENERGIESPENDERN

Ich hatte über 15 Jahre lang einen Kumpel, der mich ständig zum Mittelpunkt seiner Witze machte. Die Lacher waren auf seiner Seite und ich es lange Zeit auch. Irgendwie bringt uns niemand bei, wie wir wahre Freunde von denen unterscheiden, die wir zwar lange kennen, die uns aber nicht guttun.

Auch wenn du am Anfang deiner Reise mit etwas beginnen sollst, das dir einfach nur Freude macht und Energie gibt, so ist es langfristig gesehen doch fast noch wichtiger, dass du dir ein Umfeld schaffst, in dem deine Energie nicht weniger, sondern mehr wird – auch dann, wenn du selbst mal einen Durchhänger hast.

Ich spreche hier von den Menschen, mit denen du dich viel umgibst. Vielleicht hast du

Es heißt, wir sind die Summe der fünf Menschen, mit denen wir den Großteil unserer Zeit verbringen.

schon mal gehört, dass der Mensch die Summe der fünf Personen ist, mit denen er die meiste Zeit verbringt.

Wunderbar beobachten kann man dies in der Schule, wenn man Kids in einer Clique zusieht. Wenn diese nur genug Zeit miteinander verbringen, sprechen sie irgendwann gleich, bewegen sich ähnlich, hören dieselbe Musik und stehen auf denselben Typ Mensch.

Ich war zwar mein ganzes Leben lang ein aufgewecktes Kerlchen, kam aber irgendwie nur schwer aus der Nummer raus, zu glauben, dass ich wohl ewig ein schlechtes Leben haben würde. Jedes Mal, wenn ich mein Leben in die Hand nehmen wollte – sei es in der Schule mehr lernen, später die Abendschule machen oder wenn ich laut davon sprach, dass ich mal einen gutbezahlten Job haben wolle –, hörte ich aus meinem Freundeskreis, dass ich übergeschnappt sei. »Denkst du, du bist etwas Besseres?« »Oh, der Herr Mahlodji vergisst wohl, woher er kommt.«

Solche Sätze von meinen »Freunden«, besonders meines besten Kumpels, gehörten fast zur Tagesordnung und ich merkte es nicht einmal. Immer, wenn sich jemand über mich lustig machte, ordnete ich die Beleidigung in die Kategorie »Ist ja nur Spaß« ein.

Echte Freunde erkennt man daran, dass sie einem beistehen

Es war ein Teufelskreis, aus dem ich erst rauskam, als ich mir den Fuß brach und sechs Wochen zu Hause bleiben musste. In dieser Zeit zeigte sich, wem ich wirklich etwas bedeutete.

Meine großmäuligen Kumpels blieben nämlich fern, weil es bei mir zu Hause langweilig war. Sie sagten, sie würden sich auf mich freuen, wenn ich wieder zurück sei – also nach sechs! Wochen. Kein einziger kam mich besuchen, nur Michi und Christian, meine zwei Kindheitsfreunde aus der Volksschule. Ich erkannte zu dieser Zeit, dass wir Menschen uns oft mit Energieräubern umgeben, die Energie daraus ziehen, dass sie uns kleinhalten.

Mit meinen vermeintlichen Kumpels konnte ich gut feiern, doch wurde ich jedes Mal schief angeblickt, wenn ich mehr vom Leben wollte. Sie wollten mich auf ihrem Level halten.

Echte Freundschaft hat nichts mit den Jahren zu tun, die man einander kennt, sondern mit der Tatsache, ob man sich fallen lassen kann.

Als ich mit meinem gebrochenen Fuß zu Hause im Bett lag, merkte ich plötzlich, wie gut es mir tat, mit diesen »Freunden« keine Zeit zu verbringen. Es war richtig erholsam, dass ich nur von Michi und Christian besucht wurde, die auch wirklich bei mir sein wollten. Wenn die beiden Jungs da waren, war es wie Urlaub. Wir konnten stundenlang quatschen, ich konnte Monologe über das halten, was ich im Leben vorhatte, und nachdem sie gegangen waren, hatte ich mehr Energie als vorher. Verdammt, ich wollte nie wieder zurück zu den Energievampiren.

Als es mir wieder besser ging, wich ich meinen ehemaligen Partykumpels aus – es gab nichts zu bereden, was mir wichtig gewesen wäre, und dass sie sich ihrerseits auch nicht meldeten, zeigte mir, dass ich auf dem richtigen Weg war. Michi und Christian hingegen sind heute meine Wegbegleiter. Sie schenken mir Energie und ich ihnen.

Im Laufe meines Lebens hat sich mein Telefonbuch mit Nummern von Menschen gefüllt, die vielleicht nicht meine besten Freunde, doch wunderbare Energiespender sind. Ich kann wirklich sagen, dass ich seit vielen Jahren keine Zeit mehr mit Menschen verbringe, die mich energieleer zurücklassen.

Energievampire unschädlich machen

Gesetzt, es stimmt, dass du die Summe der fünf Menschen bist, die dich am häufigsten umgeben – springt dein Bauchgefühl an bei dem Gedanken sie? Falls ja, Gratulation. Falls du zögerst, hast du eine Aufgabe: Sorge dafür, dass die Energiesauger dahin gehen, wo sie dich nicht mehr nerven können.

Wenn es Arbeitskollegen sind, die du nicht einfach aus deinem Leben streichen kannst, hilft folgender Trick: Bevor du morgens zur Arbeit gehst, mach dir bewusst, dass er oder sie ein Energiesauger ist, und achte auf deinen Atem, während du mit dieser Person sprichst. Mach dir bewusst, wie arm dran sie ist.

Lasse nicht zu, dass dein schlechtes Gewissen und alte Gewohnheiten Teil deines Lebens bleiben.

Energieräuber haben aus Erfahrung ein geringes Selbstwertgefühl und möchten daher auch dein Selbstwertgefühl reduzieren, damit sie sich wieder auf Augenhöhe fühlen.

Wenn du dir dessen während der gesamten Kommunikation mit solch einem Vampir bewusst bist, nimmst du die Worte dieser Person emotional nicht ernst und darauf kommt es an. Denn wenn du dir von solch einem Menschen deinen Gefühlszustand nicht verändern lässt, kann er dir nichts anhaben.

Das beste Gegenmittel ist aber immer noch, dich mit vielen Menschen zu umgeben, die dir Energie schenken. Dann wirst du merken, wie die Energieräuber an Kraft verlieren, da du konstant mit guter und positiver Energie versorgt wirst.

GENIESSE DIE ÄNDERUNGEN DEINES WEGES

» Wer lange glücklich sein will, muss sich oft genug verändern. «
KONFUZIUS

Was machst du eigentlich, wenn du das Gefühl hast, dass der von dir geplante Weg plötzlich eine andere Wendung nimmt? In Panik ausbrechen? Keine gute Idee. Lehn dich stattdessen zurück und beobachte, was das Leben mit dir vorhat.

Vielleicht hilft dir die Erkenntnis, dass sich das Leben selten an Pläne hält, eher an Gesamtbilder, die wir uns vorstellen. Wie oft habe ich schon zu recht gehört, dass wir unsere ausgefeilten Pläne lieber gegen Gelassenheit eintauschen sollten und dem Leben vertrauen.

Meistens sind unsere Visionen so groß, dass wir keine Ahnung haben, wie wir sie umsetzen sollen. Ist deine Vision so groß, dass sie dir sogar Angst macht, dann ist sie gerade groß genug.

Es ist wirklich nicht deine Aufgabe, jeden einzelnen Schritt deines Lebens zu planen; gib dem Zufall eine Chance, darum geht es.

Gerade die Pläne, die dich Schritt für Schritt auf etwas festlegen und die bereits im Voraus alle Eventualitäten miteinkalkulieren wollen, verkleinern deine Chance, die volle Fülle des Lebens und seiner Möglichkeiten auszunutzen.

Pläne an sich sind schon okay, um eine Idee davon zu haben, wie deine Reise ablaufen soll, doch mach dir klar, dass sie immer nur auf dem basieren können, was du zum jetzigen Zeitpunkt über das Leben und seine Möglichkeiten weißt. Und das ist bei

Lichte betrachtet doch meist nur sehr wenig. Wenn du dir das bewusst machst, erkennst du sehr schnell, dass jeder Plan nur einen kleinen Teil der Möglichkeiten des Lebens abbildet und dass die wahren Chancen sich meist hinter einer unbekannten Ecke verbergen. Die Frage ist, ob du offen für diese Chancen und Abzweigungen bist oder ob du so vernarrt in deinen Plan bist, dass du die größeren Angebote des Lebens einfach übersiehst.

Gerade ältere Menschen erzählen mir häufig, sie hätten gern früher gewusst, dass das Leben selbst einen Plan für uns hat und wir nicht nur Gelassenheit, sondern tiefes Vertrauen haben sollten, dass alle Dinge aus einem bestimmten Grund passieren – auch wenn wir diesen auf den ersten Blick nicht erkennen.

ERFOLGREICHE MENSCHEN BEREUEN
IHRE VERGANGENHEIT NICHT

Was erfolgreiche Menschen von ihren jammernden Zeitgenossen unterscheidet, ist, dass sie sich niemals wünschen, etwas in ihrer Vergangenheit anders gemacht zu haben. Sie sind der Auffassung, dass alles, was ihnen widerfahren ist, notwendig war, damit ihr Leben so verlaufen konnte, wie es das getan hat und tut. Alle Umwege und Hindernisse waren ihrer Meinung nach notwendig, damit sie etwas lernten, was ihnen bis dahin noch gefehlt hatte.

Wie auch immer du dich in der Vergangenheit verhalten hast – du hast zu jedem Zeitpunkt deines Lebens dein Bestes gegeben. Das zu wissen, heilt die Lähmung durch Selbstvorwürfe.

Wann immer dein Leben eine andere Wendung nimmt, als du es vorgesehen hattest, also etwas nicht nach Plan läuft, sei dankbar – auch wenn sich im ersten Moment alles in dir dagegen sträubt. Habe Vertrauen, dass alles gut ist, und nutze die Zeit, um in die Stille zu gehen, bei dir anzukommen und dich dann zu fragen, wofür diese neue

Wendung eine gute Gelegenheit sein könnte. Was ist es, das du daraus lernen kannst, und welche Chance ergibt sich daraus, an die du davor nicht gedacht hast?

Airbnb, das Unternehmen, dem heute Millionen Menschen bei ihrer Urlaubsplanung vertrauen, wurde viermal neu gestartet, bevor es ein Erfolg wurde. Hätten die Gründer nach dem ersten Fehlschlag alles hingeschmissen, würden heute noch immer überteuerte Hotels den Takt vorgeben und Reisenden bliebe der Einblick in das Leben der Einheimischen verwehrt.

Wann immer du an dem Punkt stehst, an dem dein Traum in die Ferne rückt, weil etwas Unerwartetes deinen Weg kreuzt oder gefährdet, erinnere dich daran, dass die meisten Menschen ihre Träume nicht deshalb nicht verwirklichen, weil diese zu groß sind, sondern weil sie zu früh aufgeben.

GLAUB AN WUNDER

Dein Weg lebt davon, dass du dir jeden Tag die Frage stellst, ob du mit dem neugierigen Geist deiner Kindheit in die Welt gehst oder ob du zulässt, dass deine Vergangenheit deine Zukunft blockiert.

Wenn du die Neugierde nicht zulässt, wirst du nur Augen haben für das, was du bereits kennst.

Möge jeder neue Morgen für dich Tag 1 deines Lebens sein und nicht nur ein weiterer Tag, den es zu bewältigen gilt.

Ich wünsche dir, dass du keinen Guru in dieser Welt brauchst, um deinen Kompass zu kalibrieren, sondern selbst dazu in der Lage bist. Vergiss nie, dir bewusst zu machen, wer du vor zehn Jahren warst, damit du erkennst, wie fähig und wandelbar du bist.

Du bist in deinem Leben einen langen Weg gegangen, der dich zu dieser Weggabelung gebracht hat, an der du dir die Frage nach deinem Wofür stellst. Diese Weggabelung hast du nicht mit deinem Gehirn, sondern mit deinem Herzen gesucht. Deinem Herzen, das dich nie anlügt, sondern nur das Beste für dich will und darauf achtet, dass das Kind in dir niemals verstummt.

Nutze die Kraft deines Herzens und versuche der Erwachsene zu werden, der zu sein du dir als Kind gewünscht hast. Die Welt braucht dich in ihrem Puzzle so sehr, wie sie die Inspiration benötigt, die dein Leben sein kann, wenn du deinen eigenen Weg gehst.

Was unsere Welt heute braucht, sind Vorbilder, die zeigen, dass es entgegen aller Erwartungen möglich ist, ein Leben zu leben, dass nicht nur sinnvoll ist, sondern der Gesellschaft Hoffnung schenkt. Versuch so ein Vorbild zu sein. Jemand, über den andere sich erzählen, dass er authentisch und dankbar ist.

Höre auf dein Herz, aber nimm auch deinen Kopf mit. Beide sind wunderbare Wegbegleiter in einer Welt, die aus den Fugen geraten zu sein scheint.

Und glaube mir, du bist in dieser Welt niemals allein. Vielleicht hast du nur den Menschen, die dich begleiten wollen, noch keine Chance gegeben, sich dir zu zeigen.

Was ich dir wünsche, ist, dass du deine Lebenszeit mit der höchsten Verantwortung wertschätzt und dir bewusst bist, dass du ein Herz hast, das für dich schlägt, ohne dass du dafür etwas tun musst. Du lebst in der besten aller möglichen Welten, die in den Augen unserer Vorfahren pure Science Fiction wäre, und du hast es in der Hand, ob du dieser Welt deinen Stempel aufdrückst oder nicht.

Verstehe, dass nichts auf deiner Reise bisher umsonst war und du auf dem Weg, der vor dir liegt, nichts falsch machen kannst, solange du ihn nur gehst. Alle Höhen und alle Tiefen sind Teil deiner Reise zu dir selbst.

Ich wünsche dir, dass du durch dieses Buch, das uns beide zusammengebracht hast, erkannt hast, dass du nicht erst jemand werden musst, sondern dass du alles, was du für dein Wofür brauchst, bereits in dir hast. Und zwar seit dem Tag deiner Geburt.

Genauso wie verliebte Menschen ihre Liebe nicht mit dem Kopf erklären können, so wird dein Leben ab jetzt voll von Wundern und Zufällen sein, deren Herkunft du nicht erklären kannst. Doch mach dir klar, dass diese Zeichen des Lebens dieselbe Aufmerksamkeit von dir brauchen wie die Liebe, die zwei auf wundersame Weise auf eine Reise schickt.

Deine Reise hat einen einzigen Zweck und der ist, zu erkennen, wie groß du bist.

EINLADEN, ERMUTIGEN, INSPIRIEREN

Interview mit Gerald Hüther

Dr. Gerald Hüther ist einer der renommiertesten Hirnforscher Europas und Gründer und Leiter der Akademie für Potentialentfaltung. Im deutschsprachigen Raum gibt es niemanden, der in den letzten Jahren so viele Menschen dabei begleitet hat, in Gemeinschaften den eigenen Weg zu gehen.

Ich habe mir vor vielen Jahren ein Herz genommen und ihm geschrieben, dass ich ihn mir als meinen Mentor wünsche. Seine Botschaft, sein Knowhow und sein Ansatz hatten mich nicht nur fasziniert, sondern auch tief berührt.

Seit einigen Jahren ist Gerald nicht nur mein Mentor, sondern machte mich – eine große Ehre – auch zum Leiter des Bildungsbereiches in der von ihm gegründeten Akademie für Potentialentfaltung. Das folgende Interview entstand im Rahmen meiner Recherche für dieses Buch.

Ali Mahlodji: Lieber Gerald, wir haben aktuell eine Welt, in der gefühlt alle Jugendlichen sagen »Wir suchen den Sinn, unser Why, unser Wofür«. Gibt es in unserer Gesellschaft denn nicht schon genug Dinge, wo wir sagen, wir könnten zufrieden sein? Wir haben fließendes Trinkwasser, wir haben ein Gesundheitssystem, das sich um uns kümmert, wir leben im Wohlstand, wir haben Netflix und Amazon. Es ist für alles gesorgt und trotzdem gibt es seit einigen Jahren bei der Sinnsuche eine Art neuen Aufschwung. Warum eigentlich?

Gerald Hüther: Weil die ständige Gestaltung von Freizeit sinnlos ist. Das Hirn könnte sich nicht weiter ausbilden und es hätte auch gar keinen Grund, noch mal eine neue Vernetzung auszubilden, wenn der ganze Nutzungsmodus darauf ausgerichtet wäre, Spaß zu haben. Dafür haben wir kein Hirn, damit es Spaß macht, sondern wir haben unser Hirn, damit jemand aufpasst, dass wir uns nicht selber ruinieren. Es passt auf, dass wir lebendig bleiben. Da ist es schon gut, wenn man dann wenigstens ein paar Fernsinne hat. Man muss nicht erst warten, bis es einen erschlägt, sondern man kann schon aus der Entfernung sehen, dass hier gleich eine Mauer einstürzt, und dann da weggehen.

Es ist auch gut, dass man die Fähigkeit hat, sich vorzustellen, was da alles so auf uns zukommt – und die Dinge, die man nicht haben möchte, auch lieber nicht macht. Gleichzeitig können wir auch nicht leben, ohne eine Vorstellung davon zu entwickeln, wo es hingehen soll. Wie soll ich mich denn im Leben zurechtfinden, wenn ich gar nicht weiß, wohin ich will? Da kann ich mich ja nur verirren. Da brauche ich als Mensch irgendetwas, das mir hilft, mein Leben auf etwas auszurichten. Denn es gibt ja keine genetischen Programme, die mich lenken. Vor allen Dingen dann, wenn es in der neuen Arbeitswelt keinen mehr gibt, der mir als Vorgesetzter sagt, wo ich und wie ich zu funktionieren habe.

Und da kommt es dann, dass man sich sagt, Freizeit kann es nicht sein. Geld verdienen kann es auch nicht sein. Das sind alles Dinge, die man eine Zeit lang betreiben kann, bis man merkt, wie langweilig und sinnentleert sie sind. Deshalb ist es unvermeidlich, dass der eine oder andere auf die Idee kommt, dass es gar nicht so schlecht wäre, wenn er dieses ihm geschenkte Leben dazu benutzen würde, in der Welt irgendetwas zu tun, das zumindest nicht weiter dazu beiträgt, dass sie untergeht.

Ali Mahlodji: Wie würdest du sagen, verträgt sich diese aktuelle Sinnsuche mit dem Zeitalter der Digitalisierung, wo wir ständig hören, da kommen die Roboter, die Jobs fallen weg? Ist das ein Zufall, dass das gerade alles aufeinandertrifft?

Gerald Hüther: Ganz ehrlich, ich glaube, dass Menschen immer dann anfangen, nach Sinn zu suchen, wenn sie die Orientierung verloren haben. Das hört sich jetzt erst mal nicht schön an, aber in Wirklichkeit ist es noch schlimmer. Wir kommen aus Zeitaltern, wo Menschen sich nicht ihre Orientierung gesucht haben, sondern wo diese von oben vorgegeben wurde. Das waren Ideologien. Ideologien, die von Menschen in die Welt gesetzt worden sind, die damit ihre hierarchischen Stellungen und Positionen behaupten wollten.

Jemand, der in einer Hierarchie an der Spitze steht oder irgendwie einen guten Platz ergattert hat, der hat doch keine Lust, Theorien zu verbreiten, die sagen, jeder Mensch kann sich ändern und jeder Mensch hat eine Chance und in jedem Kind, das geboren wird, steckten unglaublich viele Potenziale.

Solche Leute, die dann ihre Stellung, die sie sich erkämpft, erobert oder erlogen haben – meist auf Kosten anderer – und diese Position behalten wollen, müssen auch Ideologien vertreten, die deterministisch sind. Die also dazu führen, dass Menschen aufhören, daran zu glauben, dass sich die Welt verändern lässt. Und die wichtigste Ideologie, die man da verbreiten kann, ist die, dass sich der Mensch selbst nicht verändern kann.

Wir hatten einmal eine Theorie, die hieß, Gott hat uns so erschaffen und das müssen wir jetzt hinnehmen. In Indien wird man so wiedergeboren, wie man es verdient hat. Das muss man auch hinnehmen und warten, bis das nächste Leben kommt.

Als das mit den Religionen dann nicht mehr so richtig gezogen hat, hat man eben gesagt, es sei naturwissenschaftlich bewiesen, dass wir genetische Anlagen haben, die uns steuern. Dass diese uns programmieren, also das Hirn so zusammenbauen, wie sie eben beschaffen sind. Man müsse damit zufrieden sein, was dabei rausgekommen sei, daran ändere sich nichts mehr.

Als ich mit meiner Hirnforschertätigkeit begonnen habe, war das das Dogma. Erwachsene Nervenzellen können keinen Fortsatz mehr auswachsen. Einmal verdrahtet, immer verdrahtet. Das Einzige, was demzufolge noch passieren konnte, war, dass diese Verdrahtungen sich allmählich auflösen. Das war, so hat man damals geglaubt, der Grund für Demenz.

Solche Vorstellungen, dass das Hirn zeitlebens umbaufähig ist, sind für jemanden, der sich in so einer Hierarchie einen ordentlichen Platz erkämpft hat, ein Graus. Das kann so jemand gar nicht zulassen. Das wäre, als ob er sich dessen beraubt, was ihn in dieser Position hält. Deshalb hat es sehr lange solche Ideologien gegeben, die davon ausgegangen sind, dass der Mensch sich nicht verändern kann. Etwa, dass jeder Mensch nur von Egoismus oder egoistischen Genen gesteuert wird und was es da noch alles für absurde Theorien gegeben hat.

In solchen Zeiten, wo diese hierarchischen Ordnungsstrukturen und diese Machtpositionen sich aufzulösen beginnen, sieht man, da lösen sich mit den Menschen und mit den Hierarchien auch die Ideologien auf. Dann wächst da eine Generation heran, die hat überhaupt nichts mehr am Hut mit dieser Ideologie.

Ich selbst bin noch ein 68er-Jahrgang. Wir hatten richtige Ideologien. Wir hatten Klassenkampf und keine Ahnung, was wir alles wollten. Wir haben eigentlich die alten Ideologien übernommen und sind natürlich kläglich gescheitert.

Die jungen Leute, die ich heute treffe, die glauben an gar nichts mehr, was ihnen von anderen Leuten eingeredet werden soll. Die sind sozusagen ideologieresistent. Die haben ihre eigenen Kommunikationsmittel gefunden, mit denen sie sich informieren und auf dem Laufenden halten. Aber die verändern sich relativ schnell. Das werden niemals so verhärtete Sachen, für die man dann sein ganzes Leben lang kämpft, wie etwa im Klassenkampf. Das ist vorbei.

Ali Mahlodji: Was hältst du von dieser Generation, die aktuell auf Sinnsuche ist? Damit meine ich Menschen im Alter von 25 bis 35 Jahren, also junge Erwachsene, die eigentlich mit beiden Beinen im Leben stehen. Immer öfter höre ich von ihnen: »Der Job, den ich habe, der erfüllt mich nicht. Da muss noch mehr sein.« Was würdest du jemandem raten, der meint, er möchte einmal irgendetwas Sinnvolles machen, hat aber das Seine noch nicht gefunden?

Gerald Hüther: Ich glaube, ich würde ihm gar nicht so viel raten. Ich würde ihm sagen, es ist gut, dass du auf so eine Idee gekommen bist. Wir sind ja alle Suchende. Keiner weiß, wie es geht. Vielleicht ist es gut, wenn du dich mit ein paar anderen zusammentust und dich mit denen austauschst über diese Frage – wofür du eigentlich leben willst oder wofür es sich lohnen würde, zu leben. Denn in dem Augenblick, wo du das nicht alleine versuchst zu beantworten, sondern fünf Leute nach einer Antwort suchen, wird die Antwort fünfmal so richtig. Und dann könnte es sein, dass ihr gemeinsam tatsächlich eine Idee entwickelt, wofür es sich zu leben lohnt. Wofür es sich einzusetzen lohnt. Wie es möglich wäre, dass ihr da irgendwas macht, das eurem eigenen Dasein auf dieser Welt Sinn verleiht.

Die Wahrheit ist, ohne etwas, das einem hilft, in dieser Welt Orientierung zu finden, kann man nicht leben. Da verblödet man oder man wird ein Junkie. Deshalb ist das gar keine so dumme Idee. Es ist objektiv bewiesen, dass es keinen Sinn gibt. Aber es ist genauso objektiv bewiesen, dass man, ohne seinem eigenen Dasein einen Sinn zu verleihen, nicht leben kann.

Ali Mahlodji: Was sagst du zu den Menschen, die erzählen, der Sinn in meinem Tun ist mir egal, ich brauche keinen Sinn im Leben?

Gerald Hüther: Ich bin nicht so einer, der anderen sagt, was sie machen sollen. Denn in dem Augenblick, wo ich es ihnen sage, beraube ich sie der Möglichkeit, es selber rauszufinden. Also würde ich solche Menschen einfach nur ermutigen, weiter zu suchen. Es ist immer gut, wenn ich ihnen klarmache, dass ich es auch nicht weiß. Dass es jeder auf seine Weise rausfinden muss. Wir sind alle unterschiedlich und jeder muss sich selbst fragen, was der Sinn sein könnte.

Ali Mahlodji: Aber wenn jemand sagt, der Sinn ist mir egal?

Gerald Hüther: Das ist ja sein gutes Recht. Dann würde ich einfach sagen, wenn du doch irgendwann auf die Idee kommst, dass du dich mal mit mir unterhalten möchtest, dann kannst du ja wiederkommen.

Ali Mahlodji: Wie kann eine Person den ersten Schritt machen? Einer der Vorschläge war, mit einer Gruppe von Menschen darüber zu sprechen. Aber gibt es auch noch irgendwelche anderen Ansätze, die uns Menschen schon in die Wiege gelegt worden sind, beziehungsweise sind Kinder eigenlich auch schon auf Sinnsuche?

Gerald Hüther: Das ist einfacher zu beantworten. Das Hirn arbeitet so, dass es immer übergeordnete Muster herausbildet. Ich mache es mal ganz einfach. Bei einem Kind, du hast ja auch so eine Kleine, kannst du beobachten, wie schwer es ist, eine Tasse zu nehmen und die Tasse zum Mund zu führen und daraus zu trinken. Da müssen ungefähr 500 Muskeln bewegt und im Hirn 10 000 Synapsen geschaltet werden. Das kann man nicht auf Anhieb. Das muss man immer wieder machen und dabei entsteht ein Muster. Dieses Muster wird als Handlungsmuster, als Gesamtgestalt im Hirn abgespeichert. Was wir jetzt machen, wenn wir eine Tasse nehmen und zum Mund führen, ist, wir kontrollieren mit dem Hirn nicht alle Einzelkontraktionen dieser Muskeln und unseren Gleichgewichtssinn, sondern wir rufen diese Gestalt auf. Ich will jetzt etwas trinken – dann macht das Hirn es ganz alleine. Das ist extrem energiesparend. Das andere ist nämlich sehr anstrengend. Wer das nicht glaubt, kann ja mal versuchen, sich an eine Fahrstunde beim Autofahren zu erinnern. Das ist eine so unfassbare Energie, die man da aufbringen muss, um an alles gleichzeitig zu denken, was man bedienen soll, dass man nach einer Stunde froh ist, dass man raus kann. Meistens hat man sogar noch Kopfschmerzen.

Heute fahren wir beide Auto und merken gar nicht mehr, dass wir Auto fahren. Weil dieses Muster sich automatisiert hat zu einer Gesamtgestalt. So, wie sich einzelne Bewegungsabläufe zu einer Gesamtgestalt der Handlung auf einer Meta-Ebene im Hirn herausbilden, so gibt es auch eine Meta-Ebene, von der aus die einzelnen Handlungen gesteuert werden, die man braucht, um eine bestimmte Verhaltensweise zu lenken und zu steuern.

Dieses übergeordnete Muster, welches das Verhalten steuert, nennt man Haltung oder innere Einstellung und manchmal auch eine bestimmte Art von innerer Überzeugung.

Diese innere Einstellung, zum Beispiel, dass es darauf ankommt, sich im Leben durchzusetzen, und zwar auf Kosten von anderen, steuert dann das ganze Verhalten. Dann brauche ich nicht bei allem, was ich tue – zum Beispiel, wenn ich wieder mal einem anderen zeigen will, dass er eine Pfeife ist und ich viel besser – nicht einzeln alles, was zu tun ist, im Hirn abzurufen, sondern nur die Gesamtgestalt des Verhaltens.

Diese Gesamtgestalt der Haltung lenkt dann die einzelnen Verhaltensweisen. Deshalb ist es ja auch so schwer, das Verhalten zu verändern. Denn die Haltung bleibt die gleiche. Was man ändern müsste, ist nicht, wie sich Leute verhalten, sondern aus welchen Motiven heraus sie sich so verhalten, wie sie sich verhalten. Das ist eben diese innere Überzeugung, diese innere Haltung, zu der sie irgendwann im Leben gelangt sind, dass es so und so richtig ist. Über dieser Haltung liegt wieder eine Meta-Ebene. Die bestimmt jetzt darüber, was für Haltungen ich bekomme. Das nennt man das Selbstbild und das Menschenbild.

Wenn ich also eine Vorstellung davon habe, dass ich jemand sein möchte, der liebevoll mit anderen Menschen umgeht, oder dass Menschen überhaupt dazu da sind, ihr Zusammenleben nicht gegeneinander, sondern miteinander zu organisieren, dann ist das ein Menschenbild. Das bedeutet, dass ich dann Gelegenheiten im Leben suche, wo ich das auch erleben kann. Wo ich die Erfahrung machen kann. Wenn ich diese Erfahrung dann mache, dann wird daraus diese Haltung. Nämlich dass ich dann einer bin, der mit einer liebevollen Haltung seine Beziehung zu anderen Menschen organisiert.

Auch umgekehrt, wenn ich der Meinung bin, Menschen seien sowieso egoistische Wesen, wo jeder nur an sich denkt, und das sei sozusagen vom lieben Gott gemacht oder durch unsere Gene in uns, dann kann ich daran nichts ändern. Aber dieses Menschenbild steuert dann auch, wie ich mich in der Welt bewege. Wo ich mich hinbegebe, wo ich das Gefühl habe, dass ich da nichts zu suchen habe. Dann bin ich eben auf Baustellen unterwegs, wo die Leute sich gegenseitig Fallen stellen und wo einer versucht, den anderen übers Ohr zu hauen. Darin werde ich dann auch noch immer besser und die Haltungen, die dazu gehören, werden immer weiter in meinem Hirn verstärkt. Das heißt, es gibt immer Meta-Ebenen und die alleroberste Meta-Ebene wäre eben die, dass ich mich mal frage, wozu ich überhaupt in diesem Leben unterwegs sein will und wofür.

Ali Mahlodji: Wie wichtig sind Träume bei der Sinnsuche?

Gerald Hüther: Nun ja, diese Art von Träumen, die du da meinst, das sind ja eigentlich Vorstellungen davon, wie man leben will. Ohne solche Vorstellungen geht es überhaupt nicht. Wenn ich keinen Traum habe, wie mein Leben sein soll, weiß ich auch nicht, wie ich leben will. Dann lebe ich so, wie es gerade kommt. Dann werde ich so ein Hedonist, der das nimmt, was gerade da ist. Wenn ich aber einen Traum habe, so wie Martin Luther King und andere, die in der Welt irgendetwas gut auf die Reihe gekriegt haben, habe ich am Anfang immer zuerst eine Vorstellung davon, wie das sein könnte. Sieh dir Gandhi an oder Gorbatschow oder Götz Werner, der dm aufgebaut hat – all diese Menschen hatten eine Vorstellung davon, dass etwas anders werden muss.

Ohne solch eine Vorstellung hätten die alle nichts umsetzen können. Also muss erst mal eine Vorstellung da sein. Das Interessantere ist, dass man mit der Vorstellung allein noch nicht auf die Strecke kommt. Da passiert ja noch nichts, außer, dass sich einer etwas ausgedacht hat und dass er eine gute Idee hat. Jetzt ist die Frage, wie kriege ich es hin, dass andere Leute das auch gut finden? Denn allein kann man ja nichts umsetzen.

Früher war das so, dass einer von etwas geträumt hat und andere dazu brachte, es tun zu müssen. Zum Beispiel irgendein Herrscher, der anderen gesagt hat, dass seine Untergebenen das Taj Mahal oder eine Pyramide bauen sollen. Das heißt, der hat auch andere gebraucht, um seine Vorstellung zu realisieren, hat das allerdings als Tyrann gemacht. Als Vorgesetzter. In der heutigen Zeit, glaube ich, finden sich nicht mehr so viele Leute, die bereit sind, die idiotischen Vorstellungen von irgendwelchen Vorgesetzten zu erfüllen. Immer häufiger wollen Menschen selber bestimmten, was sie machen. Da sie es nicht allein können, geht es nur gemeinsam. Also müssen sie eine Form finden, wie sie mit anderen ein gemeinsames Anliegen verwirklichen.

Ali Mahlodji: Jetzt ganz platt gesprochen: Viele Unternehmen sagen aktuell, ihre Bewerber und Mitarbeiter suchen nach dem Sinn. Wie geht man damit um als Führungskraft, die die letzten 35 Jahre dafür belohnt worden ist, dass sie alles bewertet, aber sich keine Gedanken über den Sinn macht? Wie gehen Organisationen damit um?

Gerald Hüther: Die meisten dieser Organisationen, die ich im Augenblick erlebe, die so etwas versuchen, glauben, dass es ihrem Image hilft, wenn sie einen sozialen Beitrag leisten. Dann machen sie etwas, von dem sie den Mitarbeitern einreden, dass das was Sinnvolles sei, aber in Wirklichkeit dient das der Gewinnmaximierung und der Kundenrekrutierung. Also das ist dann sehr fragwürdig, was da alles als Mission verkauft wird.

Es gibt aber auch ein paar Unternehmen, die sich tatsächlich darauf ausrichten, dass Mitarbeiter nicht deshalb in die Firma kommen, weil sie Geld verdienen wollen, sondern weil sie in dieser Firma etwas bewirken können. Weil sie sich dort einbringen können und weil sie dort eine Gemeinschaft erleben, wo einer den anderen so unterstützt, damit sie gemeinsam etwas zustande bringen. Das ist sehr erfüllend. Das macht Menschen glücklich. Da man so meistens sogar besser ist als andere, die es als Einzelkämpfer gegeneinander versuchen, führt das dazu, dass solche Teams dann auch noch Gewinne machen.

Der Gewinn ist sozusagen ein Nebenprodukt der Tatsache, dass man sich gemeinsam auf den Weg macht und etwas umzusetzen versucht, das allen gleichermaßen am Herzen liegt. Als wunderbares Beispiel kann man sich die Hotelkette Upstalsboom von Bodo Janssen ansehen, welche als Beispiel für eine sinnvolle und langsame Revolution gesehen werden kann.

Ali Mahlodji: Du hast ja an dem Spiegel-Bestseller »Wie Träume wahr werden. Das Geheimnis der Potentialentfaltung« mitgeschrieben. Da hast du eine von Sven Ole Müller und Nicole Bauer initiierte Radfahr-Truppe begleitet, Amateure, die mit elf Monaten Vorbereitungszeit eines der härtesten Rennen der Welt, das Race Across America, nicht nur bestritten, sondern sogar mit großem Vorsprung gewonnen haben. Was ist aus deiner Sicht im Nachhinein die große Erkenntnis?

Gerald Hüther: Die ist total banal. Die hat sich sozusagen an einem Nachmittag in Realität verwandelt. Diese große Erkenntnis haben die Teilnehmer dieses Teams gehabt, als sie probehalber mal aus Thüringen an einem Wochenende an die Ostsee und wieder zurück gefahren sind, um zu sehen, wie es geht.

Das Race Across America geht von der Ostküste zur Westküste und ist das härteste Radrennen, das es gibt. 6000 Kilometer. Das kann man nicht so locker aus dem Ärmel schütteln. Und dann wollten sie wenigstens mal probieren, ob sie diese 2000 Kilometer an einem Wochenende runterfahren können. Nachdem sie zurück waren, hat mich Sven Ole angerufen und gesagt, dass sie das jetzt ausprobiert haben und gemerkt haben, es geht nicht. »Wir schaffen das nicht. Wir kriegen uns dauernd in die Haare. Einer weiß es besser und wenn es ein bisschen problematisch wird, dann fliegt uns alles um die Ohren. Also so kommen wir nie durch Amerika. Könntet ihr uns von der Akademie vielleicht dabei helfen?«

An einem Nachmittag hatte ich die Gelegenheit, sie zu treffen. Da habe ich etwas sehr Einfaches gemacht. Ich habe mit ihnen geredet und sie haben mir erklärt, was sie wollen. Ich habe ihnen erklärt, dass ich auch nicht weiß, wie das geht, sie dann aber der Reihe nach gefragt. Jeden Einzelnen. Die Frage lautete: »Was willst du eigentlich? Willst du mit den anderen gemeinsam das Race Across America fahren oder willst du hier weiterhin den Klugscheißer spielen, der sich über die anderen erhebt, indem er denen ständig sagt, wo es langgeht?« Dann haben sie geantwortet. Jeder der Reihe nach hat gesagt: »Ich will das Race Across America. Mir ist diese Klugscheißerei egal. Mache ich nicht mehr.« Als die dann alle durch waren, habe ich gesagt, okay, dann gehe ich jetzt. Dann ist das Wunder passiert, dass die von diesem Moment an anders miteinander umgegangen sind. Immer unter dem Gesichtspunkt, ich brauche ja jeden anderen, wenn wir gemeinsam dieses Vorhaben realisieren wollen. Deshalb wird es nur was, wenn ich den anderen unterstütze und ihn nicht fertigmache und ihm die Kraft raube. Da hat sich jeder plötzlich darum bemüht, den anderen zu stärken. Wenn man das einmal einen Tag miteinander macht oder gar zwei oder eine ganze Woche, da entsteht dann so eine Kraft. Weil jeder auf einmal merkt, das geht ja auch. Es macht ja sogar Spaß, dem anderen so zu helfen, dass der in seine Kraft kommt

Einladen, ermutigen, inspirieren. Geht doch.

Dann werde ich auch noch eingeladen, ermutigt und inspiriert und da ist ein Prozess in Gang gekommen, der sich ständig selber weiter verstärkt hat. Mit dem Ergebnis, dass da eine Art von Teamgeist entstanden ist oder eine Art des Umgangs miteinander, wo sie mir dann gesagt haben, sie hätten innerlich gefühlt, was der andere braucht, damit der seine Höchstleistung bringen kann. Dann haben sie das auch gemacht – und sie sind losgefahren. Ich habe niemals gedacht, dass die da dieses Rennen gewinnen wollen. Ich dachte, die wollten einfach mal mit dabei gewesen sein. Man kriegt ja am Ende auch nur so ein Holzbrett, wo das draufsteht. Dann habe ich sie aus dem Auge verloren, ich habe gar nichts mehr gemacht. Ich wusste gar nicht, ob die es überhaupt hingekriegt haben, dahin zu fahren.

Dann war der Sommer vorbei und ich kriegte einen Anruf von Sven Ole, dass sie wieder da seien. Ich fragte, ob sie wirklich gefahren seien. Und er hat geantwortet, dass sie das Rennen tatsächlich gefahren sind. »Und habt ihr denn das auch durchgehalten von einem Ende zum anderen?«, wollte ich dann noch wissen. »Was heißt hier durchgehalten?«, fragte er mich. »Wir haben gewonnen. Mit fünf Stunden Vorsprung vor dem amerikanischen Profiteam.«

So. Da habe ich verstanden, was Potenzialentfaltung ist. Dass diese Kraft dadurch entsteht, dass sich Menschen in einem Team gegenseitig unterstützen, weil sie etwas Gemeinsames wollen. Das versetzt Berge. Da kann man alles. Wenn wir das im Augenblick in den meisten unserer Teams nicht schaffen, dann liegt das nicht daran, dass die Leute zu blöd sind oder dass ihnen etwas fehlt, zum Beispiel Kompetenzen oder Material oder irgendwas, sondern das liegt daran, dass die sich nicht entschieden haben, was sie eigentlich gemeinsam wollen. Das führt dazu, dass jeder etwas anderes will, und dann zerfleddert man sich. Die Kraft geht weg. Die verliert sich dann.

Ali Mahlodji: Das bedeutet, es geht auf der einen Seite darum, ein gemeinsames Anliegen zu haben, aber andererseits auch darum, die Entscheidung zu treffen?

Gerald Hüther: Ja. Es ist ja so, dass ich zwar verbal bekunden kann, dass ich jetzt so ein Rennen fahren will, aber davon kommt das nicht. Es muss mir wirklich am Herzen liegen. Das muss Teil von mir sein. Das muss mir wichtiger sein als mein kleines Ego, das sich dann immer wieder meldet. Deshalb sind Menschen, wenn sie ein gemeinsames Anliegen haben, dann auch bereit, ihre Partikularinteressen hintanzustellen. Das weiß jede Bergsteigertruppe. Man kommt auch nicht gemeinsam auf den Berg hoch, wenn man sich gegenseitig erzählt, wie doof man ist.

DANKE, DASS SICH UNSERE
WEGE GEKREUZT HABEN

Ich möchte ehrlich zu dir sein. Ich war sehr nervös, als ich mit der Arbeit an diesem Buch begonnen habe. Ich hatte damals familiär eine schwere Zeit, musste zig Bälle in der Luft jonglieren und saß plötzlich vor dem Buch, das ich schon immer hatte schreiben wollen: dem Buch, das du nun in Händen hältst.

Wenn etwas, an dem man so gerne arbeiten möchte, plötzlich vor einem liegt, überkommt einen die Ehrfurcht. Zumindest in meinem Fall war es so.

Mein Leben lang wollte ich wissen, warum Menschen tun, was sie tun, und wollte sie dabei begleiten, ihren Weg zu gehen. Ich hatte genug Geschichten gehört und noch mehr selbst miterlebt, um zu wissen, dass jeder Mensch einen Lebensplan hat, den er oder sie als Reise zu entdecken hat.

Durch die Gründung von whatchado und meine Arbeit mit Menschen an der Schnittstelle zwischen Arbeitswelt und Zukunftsgestaltung habe ich das Privileg gehabt zu erleben, was es bedeutet, wenn du Menschen aus einer inneren Leere in ihre Kraft bringst.

Dieses Buch, dem du dein Vertrauen geschenkt hast, ist das Buch, dass ich mir selbst immer gewünscht habe. Ein Buch, von dem hoffe, dass es dir hilft, in deine Kraft zu kommen und deinen ganz eigenen Weg zu finden. Einen Weg, der wirklich deiner ist.

Ich danke dir für dein Vertrauen, deinen Eifer und deine Energie, dass du dich mit mir auf die Reise gemacht hast. Du bist viel größer als das, was du bisher dachtest, und wenn ich ein kleiner Anstoß dafür sein kann, dass dein Tun ins Rollen kommt, so würde mich das sehr glücklich machen.

Das Schönste für mich ist immer wieder, wenn sich Menschen, die ich begleiten durfte, Jahre später bei mir melden und mir berichten, wohin ihr Weg sie geführt hat. Ihre Berichte sind

Balsam für meine Ohren und Vorbilder für Menschen, die sich wie du auf die Suche nach ihrem Wofür machen.

Es sind Geschichten voll von Wundern und Sätzen wie »du glaubst nie, was alles passiert ist, Ali«.

Auf solche Geschichten von dir freue ich mich schon. Erzähl sie mir, wenn wir uns einmal »zufällig« begegnen, oder schreib sie mir, wenn dir danach ist. Du erreichst mich unter hi@ali.do und ich bitte dich, mir zu verzeihen, falls ich einige Tage brauchen sollte, um dir zu antworten.

Was immer du tust, genieß den Prozess des Lebens und vergiss nicht – wenn du eine bessere Zukunft willst, für dich, für deine Familie oder für die Gesellschaft, dann musst du verstehen, dass du selbst diese Zukunft bist.

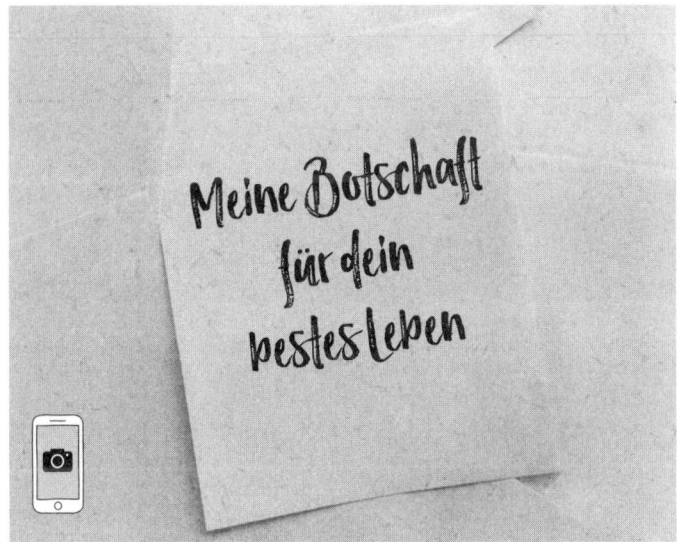

LITERATUREMPFEHLUNGEN
UND INTERNETADRESSEN

Marc Aurel: *Wege zu sich selbst*, Nikol

Viktor Frankl: *Wer ein Warum zu leben hat: Lebenssinn und Resilienz*, Beltz

Gerald Hüther: Würde. *Was uns stark macht – als Einzelne und als Gesellschaft*. Knaus

Gerald Hüther: *Was wir sind und was wir sein könnten: Ein neurobiologischer Mutmacher*, Fischer

Gerald Hüther: mit Sven Ole Müller, Nicole Bauer: *Wie Träume wahr werden: Das Geheimnis der Potentialentfaltung*, Goldmann

Bodo Janssen: *Die stille Revolution: Führen mit Sinn und Menschlichkeit*, Ariston

Bardia Monshi, Mathias Berthold: *Positiv Denken allein hilft auch nicht: Mentale Kraft für den Dschungel des Alltags*, Echomedia Buchverlag

Seneca: *Von der Seelenruhe / Vom glücklichen Leben*, Anaconda

Erwin Wagenhofer, Sabine Kriechbaum: *But Beautiful. Nichts existiert unabhängig*, Kunstmann

Bücher aus dem Gräfe und Unzer Verlag

Lars Amend: *Why not? Inspirationen für ein Leben ohne Wenn und Aber*

Anne Heintze: *Kopf aus Bauch an?*

Reinhard Haller: *Das Wunder der Wertschätzung.*

Susanne Hofmeister: *Wo stehe ich und wo geht's hin?*

Ralf Senftleben: *Entdecke deine Willenskraft.*

Internetadressen

https://www.ali.do/

https://www.whatchado.com/de/

https://www.gerald-huether.de/akademie-fuer-potentialentfaltung/

Studie Techniker Krankenkasse: https://www.tk.de/techniker/unternehmensseiten/unternehmen/broschueren-und-mehr/stress-studie-2016-2026692

MEHR ENERGIE,
MEHR WOHLBEFINDEN!

IMPRESSUM

© 2020 GRÄFE UND UNZER
VERLAG GmbH, München

Alle Rechte vorbehalten. Nachdruck, auch auszugsweise, sowie Verbreitung durch Bild, Funk, Fernsehen und Internet, durch fotomechanische Wiedergabe, Tonträger und Datenverarbeitungssysteme jeder Art nur mit schriftlicher Genehmigung des Verlages.

Projektleitung: Reinhard Brendli

Lektorat: Anne Nordmann

Umschlaggestaltung:
ki36, München

Layout:
independent Medien-Design,
Horst Moser, München

Bildnachweis
Raffael Stiborek (Cover),
Luiza Puiu (hintere Umschlagklappe)

Syndication:
www.seasons.agency

Herstellung: Markus Plötz

Satz: Uhl + Massopust, Aalen

Lithos: Ludwig Media, Zell am See

Druck und Bindung:
C. H. Beck, Nördlingen

ISBN 978-3-8338-7251-8

1. Auflage 2020

 www.facebook.com/gu.verlag

LIEBE LESERINNEN UND LESER,
wir wollen Ihnen mit diesem Buch Informationen und Anregungen geben, um Ihnen das Leben zu erleichtern oder Sie zu inspirieren, Neues auszuprobieren. Wir achten bei der Erstellung unserer Bücher auf Aktualität und stellen höchste Ansprüche an Inhalt und Gestaltung. Alle Anleitungen und Rezepte werden von unseren Autoren, jeweils Experten auf ihren Gebieten, gewissenhaft erstellt und von unseren Redakteuren/innen mit größter Sorgfalt ausgewählt und geprüft.
Haben wir Ihre Erwartungen erfüllt? Sind Sie mit diesem Buch und seinen Inhalten zufrieden? Haben Sie weitere Fragen zu diesem Thema? Wir freuen uns auf Ihre Rückmeldung, auf Lob, Kritik und Anregungen, damit wir für Sie immer besser werden können. Und wir freuen uns, wenn Sie diesen Titel weiterempfehlen, in Ihrem Freundeskreis oder bei Ihrem online-Kauf.
Sollten wir Ihre Erwartungen so gar nicht erfüllt haben, tauschen wir Ihnen Ihr Buch jederzeit gegen ein gleichwertiges zum gleichen oder ähnlichen Thema um.

KONTAKT
GRÄFE UND UNZER VERLAG
Leserservice
Postfach 86 03 13
81630 München
E-Mail: leserservice@graefe-und-unzer.de
Telefon: 00800 / 72 37 33 33*
Telefax: 00800 / 50 12 05 44*
Mo–Do: 9.00–17.00 Uhr
Fr: 9.00–16.00 Uhr (*gebührenfrei in D,A,CH)

GRÄFE
UND
UNZER

Ein Unternehmen der
GANSKE VERLAGSGRUPPE